A
casa
dos
significados
ocultos

A casa dos significados ocultos

Tradução de Helen Pandolfi

Copyright © 2024 by RuPaul Charles
Proibida a venda em Portugal e nos Países Africanos de Língua Oficial Portuguesa.

TÍTULO ORIGINAL
The House of Hidden Meanings

COPIDESQUE
Theo Araújo

REVISÃO
Angelica Andrade
Juliana Brandt

ADAPTAÇÃO DE PROJETO GRÁFICO E DIAGRAMAÇÃO
Ilustrarte Design

CRÉDITOS DAS FOTOS
Páginas 2, 18, 44, 70, 88, 132, 232, 242, 258: cortesia de RuPaul; páginas 112, 148, 170, 190: © Jon Witherspoon; página 212: © Paul Ordway; página 274: © Albert Sanchez.
Todos os esforços foram feitos para rastrear os detentores dos direitos autorais das fotografias reproduzidas neste livro. Ficaríamos gratos pela oportunidade de retificar quaisquer omissões em futuras reimpressões ou edições.

DESIGN DE CAPA
Ploy Siripant

FOTOS DE CAPA
Frente: Albert Sanchez
Quarta capa: Jon Witherspoon

CIP-BRASIL. CATALOGAÇÃO NA PUBLICAÇÃO
SINDICATO NACIONAL DOS EDITORES DE LIVROS, RJ

R899c

    RuPaul, 1960-
        A casa dos significados ocultos / RuPaul ; tradução Helen Pandolfi. - 1. ed. - Rio de Janeiro : Intrínseca, 2024.
        21 cm.

        Tradução de: The house of hidden meanings
        ISBN 978-85-510-0692-4

        1. RuPaul, 1960-. 2. Personificadores femininos - Estados Unidos - Biografia. 3. Artistas - Estados Unidos - Biografia. I. Pandolfi, Helen. II. Título.

24-87811   CDD: 700.92
                                                    CDU: 929:7

Meri Gleice Rodrigues de Souza - Bibliotecária - CRB-7/6439

[2024]
Todos os direitos desta edição reservados à
Editora Intrínseca Ltda.
Av. das Américas, 500, bloco 12, sala 303
22640-904 – Barra da Tijuca
Rio de Janeiro - RJ
Tel./Fax: (21) 3206-7400
www.intrinseca.com.br

Para o amor da minha vida, Georges LeBar. Obrigado por todo o amor, todas as risadas, toda a ternura e a gentileza. Você é minha pessoa favorita.

Sumário

Nota do autor 9
Prólogo 11

UM	Adeus	17
DOIS	Cerritos	43
TRÊS	Detalhes	69
QUATRO	Força	87
CINCO	Pertencer	111
SEIS	Dualidade	131
SETE	Snipe	147
OITO	Pyramid	169
NOVE	Saturno	189
DEZ	Supermodel	211
ONZE	Mãe	231
DOZE	Elevador	241
TREZE	Espelhos	257
CATORZE	Lar	273

Epílogo 281
Agradecimentos 285

Nota do autor

Todos os eventos e todas as experiências aqui descritos são verídicos e foram fielmente reproduzidos de acordo com minhas lembranças. Alterei certos nomes e informações para proteger a privacidade de algumas pessoas. Embora tenha uma memória vívida dos diálogos presentes neste livro, eles não foram escritos com a intenção de servir como fonte documental; na verdade, eu os narrei de forma a evocar o sentimento e o significado genuínos do que foi dito.

Prólogo

Ainda parece verão quando chego a Atlanta no fim de setembro. O ar úmido e abafado começa a dar trégua e já se veem os primeiros indícios do outono. Tenho 61 anos e quase meio século me separa do menino que eu era quando vim para cá pela primeira vez, no banco de trás do Mercedes 450 azul-celeste de minha irmã Renetta. Já faz tempo, mas eu ainda saberia me virar por aqui: as ruas continuam as mesmas, embora muitos dos edifícios tenham sido demolidos e outras coisas erguidas no lugar. Mais importante do que algumas fachadas e semáforos que reconheço, porém, é o gosto familiar de Atlanta, que parece uma lembrança sensorial longínqua e recém-desbloqueada. A cidade tem gosto de manteiga: um sabor salgado com um toque adocicado, com uma textura meio mole, como se tivesse ficado fora da geladeira — de propósito, para ser saboreada assim. Esse gosto, esse sabor específico, está em toda parte. Está no som do rádio vindo de um carro com as janelas abertas. Está nas vozes melodiosas das mulheres, com seus sotaques desapressados e musicais. Está no modo como o verão abafado deixa tudo lento e pegajoso como melaço.

Alugo uma bicicleta para dar uma volta pela cidade e ver do que consigo me lembrar. Muita coisa vem à tona: lá está o banco onde me sentei para bolar um baseado e de onde observei alguns homens esculpindo o tronco de uma árvore que tinha sido atingida por um raio para transformá--lo em um totem em comemoração ao Piedmont Park Arts Festival. Eu tinha ido ao festival pela primeira vez naquele mesmo verão. Havia várias barraquinhas nas quais as pessoas vendiam artesanato e coisas do tipo, pura criatividade boêmia. Lá está a boate onde passei a noite inteira dançando com o vestido que fiz com as cortinas douradas de plástico de Renetta, sentindo minha alma ser preenchida pelo calor dos corpos ao redor e pela alegria da música disco. Lá está o prédio do Grady Memorial Hospital, onde me despedi de minha amiga Cherry quando ela faleceu de aids. Aguentei firme nos momentos finais, segurando a mão dela, e depois desmoronei no corredor do hospital, aos prantos, quando percebi que nunca mais a veria. E lá está a esquina onde, em uma noite de Natal anos antes, depois de sair de meu primeiro turno como *go-go dancer* na boate, passei por uma sacola de brinquedos que alguém havia doado para a caridade e vi vários deles espalhados pela calçada. Ali encontrei um burro de pelúcia com um único olho de botão, me encarando. Por alguma razão, senti uma onda de afeto tão arrebatadora, que peguei o burrinho, levei para casa comigo e, ao longo dos quarenta anos seguintes, dormi com ele todas as noites. Não é estranho? Estou bem mais velho hoje, mas ainda me lembro de notar aquele anseio tão íntimo antes mesmo de ser capaz de nomeá-lo — a criança em mim que desejava aquele conforto — e perceber que sabia exatamente o que fazer para saciá-lo.

E lá está o gramado do Piedmont Park, onde eu e meu amigo Larry Tee ficamos deitados certa manhã enquanto o sol nascia e o efeito do LSD da noite anterior finalmente começava a passar. Era o ano da Convergência Harmônica e havia um clima de mudança no ar. Larry vestia uma camisa de boliche e as pupilas dele estavam enormes.

— Libra representa a 12ª casa das coisas ou dos significados ocultos de Escorpião — disse ele, como se fosse uma informação valiosa.

Depois que o efeito da droga passou, percebi que aquilo era um completo absurdo. Mas foi um absurdo muito bonito que guardei comigo para sempre, talvez por ter gostado de como soou — a casa dos significados ocultos. Ou talvez tenha a ver com a forma como vejo a mim mesmo: um detetive do universo, vasculhando uma casa atrás de pistas, tentando descobrir o que tudo significa.

Ou talvez tenha sido porque Larry era meu amigo. Meses depois, quando ele me disse que ia se mudar para Nova York, pensei que era hora de eu deixar Atlanta também, embora nunca tenha tido certeza de que realmente era minha hora de partir ou se eu só estava com medo de ficar para trás.

Não vim aqui só para revisitar o passado. Vim para buscar algo de que preciso no lugar em que nasci — não no hospital em San Diego onde minha mãe me deu à luz, mas em um prédio na região sudoeste de Atlanta no qual não piso há mais de trinta anos. Assim que estaciono o carro alugado, vejo meu velho amigo James esperando por mim na porta. Conheci James quando aquela casa ainda era da mãe dele. Ele morava no porão, que usávamos como boate e estúdio improvisado. Também fumávamos maconha e gravávamos lá os episódios de uma série chamada *The American Music Show*. James se aproxima da porta com a ajuda de um andador de metal, mas me cumprimenta com a mesma alegria de sempre.

Ao entrar, vejo que, a não ser pela poeira, o porão ainda é o mesmo: há armários abarrotados de papel, TVs, gravadores e mil e uma coisas antigas. Pego um cartão-postal com uma foto minha e no mesmo instante me vem uma lembrança: eu vendia aqueles cartões-postais aos 20 anos e presenteei James com um bem ali, naquele porão. E ele o guardou naquela prateleira, como se fosse um tesouro. Agora, mais de quarenta anos depois, o cartão-postal está exatamente no mesmo lugar. Foi devorado pelo tempo ou por insetos, talvez os dois, mas nunca saiu dali.

Avisto o motivo de minha visita soterrado na parte mais baixa de uma estante de livros. Com uma camiseta velha, limpo a poeira para conseguir ler a etiqueta colada na primeira fita que pego: THE AMERICAN MUSIC SHOW, 5ª TEMPORADA, EPISÓDIO 6, 1982. Há fitas VHS com muitas horas de conteúdo do programa que James e eu gravávamos naquele mesmo porão. Começo a pegá-las da estante e percebo que há várias outras fileiras de fitas guardadas lá atrás — dezenas, talvez centenas, com todo o conteúdo feito ao longo de vários anos, todas devidamente etiquetadas com as datas em que os episódios foram ao ar. As fitas são um registro de como me tornei quem sou — uma transformação que ninguém vê há quarenta anos e cujo único registro está bem aqui, neste porão.

— Achou? — pergunta James, lá de cima.
Respondo que sim.

Guardo as fitas em caixas de papelão e levo tudo para o andar de cima, uma de cada vez. Antes de apagar as luzes, dou uma última olhada no porão para guardá-lo bem na memória. Vou levar as fitas para Los Angeles e mandar digitalizá--las. Essa missão já deveria ter sido realizada muito tempo atrás, sei disso. Mas não era algo que eu senti que precisava fazer até então.

A vida é feita de temporadas. Em algumas, é como se estivéssemos dirigindo em meio a uma tempestade e nossa única preocupação fosse prestar atenção na estrada para seguir em frente. Toda e qualquer ideia é descartada por nosso ego sem que nem sequer tenhamos tempo para considerá-la. Nós fugimos da dor, colocamos nossas vendas para enxergar apenas o que está à frente, ignorando de propósito o que demanda atenção a nosso redor, porque sabemos que basta um olhar para o lado e todas as nossas certezas serão postas em xeque.

E há aquelas em que tudo ao redor está desmoronando, mas só conseguimos ficar estáticos, aguardando para saber o que será de nosso mundo agora despedaçado. E, quando tudo finalmente se acalma, nos vemos na casa dos significados ocultos. Começamos a analisar os padrões que se repetem e permitimos que nos mostrem um novo caminho, ainda que seja justamente o caminho do qual fugimos a vida toda. Então enfrentamos a dor de segui-lo, sabendo que para chegar ao fim do percurso é preciso atravessá-lo.

Quando volto para o hotel, olho pela janela para o canteiro de obras lá fora, onde um arranha-céu foi reduzido a uma pilha de escombros. Eu me lembro de quando ele foi construído, quarenta anos atrás. Agora está sendo demolido e em breve algo novo será erguido em seu lugar.

E faz sentido: Atlanta me ensinou isso, e a vida faz questão de me lembrar frequentemente.

É preciso destruir o velho para abrir espaço para o novo.

UM

Adeus

"Subo ao palco. Saio de casa uma vez, duas, três, depois volto. Fico sentado naquela varanda esperando por meu pai, mesmo sabendo que ele nunca aparecerá. Então me despeço dele, uma vez, duas, três. Digo adeus."

Antes de mais nada, uma lembrança. A cena é nítida como uma fotografia em minha mente. Eu tinha 5 anos e estava com minha irmã mais velha, Renetta, no quintal da casa em que cresci em San Diego. Ela estendeu uma mantinha na grama e apareceu com um saco de papel, de onde tirou biscoitos caseiros de manteiga de amendoim, meus favoritos. Eu estava usando uma camiseta listrada de branco e azul e calça verde de algodão.

Nós nos sentamos sobre a mantinha para comer os biscoitos. Eu comia o meu devagar, saboreando cada mordida, enquanto meus dedos sentiam o relevo da marca de garfo que decorava o biscoito. O sol estava forte, mas todos os dias eram assim no sul da Califórnia — por isso os dias nublados eram os mais marcantes na nossa lembrança.

— Estamos fazendo um piquenique — disse Renetta.

— Um piquenique — repeti.

Ela assentiu.

Naquele momento, percebi que ela estava me dizendo algo importante, ainda que eu não tivesse idade suficiente para entender na época. Mas um dia compreendi: ao dar nome para aquele momento, ela o transformava em algo maior do que era. Não estávamos apenas comendo biscoitos sentados sobre uma manta. A cerimônia e o encenar da coisa transformavam aquilo em algo extraordinário e mágico. Ao deixar a realidade de lado, as regras eram outras. Comer biscoitos sentado sobre uma manta era uma coisa comum, mas fazer um *piquenique*? Isso, sim, era especial.

Pela primeira vez na vida, entendi que magia era uma escolha deliberada, algo a ser intencionalmente criado.

Renetta e eu olhamos um para o outro.

— Adorei — anunciei. — Não vejo a hora de fazer outro piquenique.

Sempre penso nesse momento porque foi o despertar de algo dentro de mim: a descoberta de que é possível criar a própria magia. Desenvolver a habilidade de criá-la por necessidade, até mesmo por sobrevivência, ensina você a ser um mágico pelo simples amor à coisa toda. Todos temos um pouco de magia dentro de nós, mas a capacidade de moldá-la, de transformar uma coisa aparentemente desimportante em algo especial e tratá-la com leveza e espontaneidade, é o que faz a vida valer a pena.

O garotinho de San Diego que eu fui precisava disso — porque eu enxergava a magia em mim, mas não nas coisas a meu redor. A casa onde cresci ficava em um conjunto habitacional chamado Michelle Manor. Estávamos a pouco mais de quinze quilômetros do oceano, mas as pessoas lá nunca iam à praia. A vizinhança era um grande cânion na época, preenchido por casinhas como a que meus pais compraram na Hal Street por 14.500 dólares em 1958. Se o céu estivesse sem nuvens, era possível enxergar o México do jardim. Já em dias de céu nublado, víamos o cinema *drive-in* onde exibiam filmes de blaxploitation: ainda que não conseguíssemos ouvir o áudio, dava para entender o suficiente para acompanhar.

Era mais fácil encontrar magia na TV, que era o epicentro de possibilidades em nossa casa. Quando eu era mais novo, o aparelho ficava no quarto de meus pais. Nós nos amontoávamos na cama deles para assistir à televisão; me lembro até da luz cinzenta da tela iluminando a colcha de chenile. Eu me sentava nos ombros de meu pai e lambia o topo da cabeça dele, que sempre estava salgado; provavelmente era suor. Talvez ele achasse o gesto bonitinho. Lembro disso muito bem porque foi uma das únicas vezes que me senti próximo dele, fisicamente ou não.

Na televisão, as pessoas estavam sempre fazendo coisas em lugares que aparentavam ser muito maiores do que o mundo que eu conhecia em San Diego, que sempre me pareceu ser um pequeno afluente afastado do fluxo do eletrizante rio da vida. A TV era uma janela para algo maior, um portal para novos mundos.

As pessoas dos comerciais eram glamorosas e adultas, como Edie Adams em uma propaganda dos cigarros Muriel no estilo de Mae West.

— Por que você não fuma um Muriel qualquer dia desses? — dizia ela em meio a um set de filmagens surreal usando um vestido e um casaco de pele.

O penteado tinha formato de capacete, e ela usava batom e um delineado longo que quase chegava às têmporas. Eu queria ser exatamente como ela: uma pessoa deslumbrante, me sentir no controle, me apresentar para um público extasiado. E, quem sabe, feminino, o centro das atenções de um homem. Mas, na época, eu ainda não tinha palavras para descrever nada disso.

Anne Francis esteve em uma série de detetive chamada *Honey West* que durou uma temporada e era tudo para mim: ela tinha uma jaguatirica de estimação e não dava a mínima para as regras da sociedade. Em *Missão: Impossível*, os heróis, todos membros de uma agência secreta, cercavam as pessoas com base nas fraquezas delas, bolando planos com disfarces e armadilhas elaboradas para pegá-las. Eu adorava o que isso queria dizer sobre o mundo e sobre nós: para se conseguir o que quer, bastava agradar as pessoas depois de entender um pouco sobre elas.

Mas a televisão tinha um lado ruim também, coisas que me deixavam ansioso. Em um episódio de *Mundos opostos*, um bebê era mordido por um rato enquanto dormia no berço. Por causa disso, comecei a ter medo de ratos. Havia uma mulher chamada Irene que morava perto de nossa casa e era amiga de minha mãe. O cheiro da casa dela era muito peculiar, de naftalina e cocô de rato, e fazia meu estômago revirar. Além disso, eu sabia que ratos eram espertos e sorrateiros, então eu os considerava perigosos, talvez porque me enxergava da mesma forma.

Nas telinhas, também havia um senso de justiça e progresso que era refletido nos programas a que nós assistíamos. Os produtos dos comerciais eram avanços tecnológicos que estavam melhorando a vida de todos, o tempo todo. Pelo que meus pais contavam, havia mais pessoas negras na televisão do que nunca. Minhas irmãs mais velhas me diziam que, um dia, as pessoas que estavam no comando fariam com que todo mundo no planeta tivesse treze pares de sapato, diferentemente de mim, que só tinha um par, ou de minhas irmãs, que tinham três pares cada uma, no máximo. O mundo estava melhorando bem diante de nossos olhos! Enquanto isso, nos programas aos quais assistíamos, existia um senso moral que não se via no mundo real. Certo e errado. Bom e mau.

Eu adorava televisão. Para mim, representava um ideal platônico da realidade. Havia um código moral acima de tudo: os mocinhos derrotando os vilões, o bem vencendo o mal.

No entanto, mais importante ainda era o fato de que tudo era ensaiado, e nós sabíamos disso. Tínhamos ciência de que aquelas pessoas eram atores e atrizes interpretando papéis, porque o nome delas aparecia nos créditos. No mundo real, as pessoas encenavam seus respectivos papéis também, mas ninguém falava sobre isso.

Quando fizemos o piquenique, Renetta e eu desempenhamos nossos papéis como acontecia na televisão: ela criou a magia, e eu a acolhi. Ela criou a atração e me convidou para o palco.

Em casa, eu vivia fazendo apresentações para minha mãe. Enrolava uma toalha ou um cachecol na cabeça e pegava a vassoura, me montando para imitar Tina Turner, Carol Burnett ou LaWanda Page, que interpretava Tia Esther em *Sanford and Son*. Também imitava pessoas de nosso bairro, como a vizinha que morava do outro lado da rua, ou as crianças da família Wafer — Thelma, Shirley, Raleigh e Bruce —, que tinham um sotaque carregado do interior e falavam arrastado. Quando minha mãe parava para me assistir, eu já sabia que conseguiria fazê-la gargalhar, mas ainda assim era uma delícia quando ela morria de rir.

Minha mãe foi uma mulher muito séria. Era conhecida no bairro como a Malvada Senhora Charles. O nome dela era Ernestine, em homenagem à própria mãe. Quando tinha 16 anos, durante uma discussão entre as duas, minha avó disse a ela:

— Eu me arrependo de ter colocado meu nome em você.

— Não seja por isso — retrucou minha mãe. — De agora em diante, não me chamo mais assim.

E dali em diante todos passaram a chamá-la de Toni. Isso era típico de minha mãe, que era muito teimosa e orgulhosa. Ela não foi uma mulher fácil. Mas, se gostava de alguém, gostava pra valer. E ela gostava de mim porque eu era fácil de lidar. No entanto, a frieza dela fazia com que eu sempre estivesse lutando para conseguir seu afeto. Ela nunca se deu bem com a própria mãe, mas adorava o pai — era a favorita de meu avô e sabia muito bem disso.

Minha mãe descendia de escravizados libertos, e tanto sua mãe quanto seu pai eram frutos de relacionamentos inter-raciais; naquela época, ela teria sido chamada de "mulata". O cabelo dela era castanho-claro e praticamente liso, embora tivesse alguns cachos. Ela usava bobes de modo que os cachos ficavam virados para trás, como o penteado de Suzanne Pleshette em *The Bob Newhart Show*, que nós chamávamos de Beethoven. Quando eu era mais novo, as crianças na escola riam e diziam "Sua mãe é branca", mas para mim ela não parecia branca.

Talvez por ser do contra, ela gostava de pessoas de pele retinta, como meu pai, Irving, que conheceu em Beaumont, no Texas, quando trabalhava como secretária. Eles se conheceram em um encontro às cegas. Ele era do Exército — havia uma base em Beaumont —, e os dois eram da Louisiana; minha mãe de uma cidade chamada St. Martinville e meu pai de Mansfield. Os dois provavelmente tiveram uma conexão logo de cara, algo físico proveniente da tensão entre duas pessoas que são tão diferentes uma da outra. Ele não imaginava que fosse possível que minha mãe ficasse grávida na primeira vez que fizessem sexo, mas ela ficou — e teve gêmeas. Os dois se casaram assim que ele voltou da Alemanha.

Meus pais estavam fadados ao desentendimento desde o começo. Ela era extremamente cética e parecia cansada do mundo, enquanto meu pai era expansivo e boa-praça. Acho que, no começo, ele a encarava como um desafio: era imensamente gratificante quando conseguia fazê-la sorrir ou dar risada. Para ela, imagino que meu pai tenha representado um respiro de alegria e diversão. Ele a distraía um pouco de toda a apatia que ela sentira desde pequena. Quando tudo isso acabou, porém, não restou mais nada que pudesse mantê-los juntos. Geralmente, quando as pessoas se unem por conta de sexo ou por um magnetismo inexplicável, no momento em que tudo isso passa elas olham para o lado e pensam: *Como eu detesto esse filho da puta!*

No período que meu pai estava servindo na Alemanha, mamãe teve minhas duas irmãs mais velhas, Renae e Renetta. Ela não deu conta de criar duas crianças sozinha, então, por um tempo, mandou Renae — que tinha a pele mais clara — para morar com nossa avó. Vejo isso como um tipo de oferta de paz à mãe dela por ter tido filhos com um homem de pele retinta. Mas isso deu origem a uma rachadura no relacionamento de mamãe e Renae, que nunca foi reparada. Separada da irmã gêmea por dois anos, Renae sempre teve uma relação conturbada com nossa mãe. Renetta, por sua vez, era a favorita de mamãe, o que era muito engraçado, porque ela sempre foi otimista até dizer chega, enquanto mamãe era a personificação do pessimismo. Um ano depois que nasci, mamãe teve minha irmã Rozy, cujo temperamento sempre foi o meio-termo entre as duas extremidades. Ainda assim, nenhuma de minhas irmãs conseguia divertir nossa mãe como eu. Eu fazia imitações, dançava, contava piadas e atuava.

Eu me sentava diante da penteadeira dela no quarto, de frente para o espelho *art déco* de moldura curvada com flores entalhadas — ao menos eu acreditava ser *art déco*, mas podia muito bem ser só um espelho velho —, e encenava comerciais para os cosméticos Coty. Passava pó no rosto, enrolava uma toalha na cabeça como se fosse um penteado volumoso e dizia:

— Isso mesmo! É Coty!

Minha mãe podia até estar de mau humor — sempre estava —, mas, quando eu fazia isso, ela não aguentava e ria. Este era meu grande objetivo: atravessar a nuvem de infelicidade que a cercava para distraí-la de tudo que havia de ruim.

Nunca vou saber ao certo o que aconteceu com minha mãe quando ela era jovem. Ela não nos contou muita coisa, e tudo que disse foi cuidadosamente selecionado. Mas eu tinha a impressão, talvez por intuição, de que ela sofrera algum tipo de violência sexual quando era muito nova. Ela também dizia que havia caído de um cavalo aos 14 anos e por isso tinha alguns problemas na vista esquerda, porém, depois que morreu, descobri que durante toda a minha vida ela usou um olho de vidro. O fato de eu nunca ter ficado sabendo disso me deixou abismado.

Ela era impetuosa, uma típica leonina. Quando ficava brava, era melhor sair de perto. Se estivéssemos fazendo bagunça no supermercado, ela chamava nossa atenção sem dar a mínima bola se seria constrangedor ou não.

— Calem a boca, porra! — gritava ela no corredor de enlatados.

Todos no bairro sabiam que a Malvada Senhora Charles não era de brincadeiras e não tinha tempo para papo furado. Pobrezinhas das Testemunhas de Jeová que apareciam lá em casa e a viam à mesa, tomando café e fumando um cigarro, parecendo estar disponível para conversar. Batiam à porta e acenavam para ela do outro lado da janela. Minha mãe nem sequer se levantava, apenas olhava para elas e gritava:

— Saiam da porra da minha propriedade.

Eu sabia que ela achava justificável ser tão rígida depois de tudo que sofrera na vida, mas isso também tinha a ver com o lugar de onde vinha: minha mãe era francesa-acadiana. Depois de adulto, quando comecei a visitar a França, consegui enxergar traços dela nas pessoas de lá, que por vezes agiam com ar de superioridade e arrogância ou eram extremamente grosseiras. Naquela época, porém, eu não sabia de nada disso. Quando a ouvia ao telefone com as irmãs, falando francês crioulo, era como se um alienígena tivesse aterrissado bem em nossa cozinha.

Minha mãe achava que o universo estava contra ela, e por isso era sempre tão ríspida. Então, quando as pessoas eram pouco gentis por ela ser ríspida, mamãe tomava isso como prova de que o universo estava contra ela. A família de meu pai não gostava dela, pensavam que era uma pessoa desagradável de propósito e que acreditava ser melhor do que todo mundo. E ela provavelmente dava motivos para isso.

As desavenças entre minha mãe e a irmã de meu pai ficaram sérias em certo Ano-Novo, quando meus pais viajaram para Los Angeles, onde minha tia morava. Eles iam ficar na casa dela. Minha mãe havia costurado um vestido muito bonito de crepe de lã para usar na festa — era preto e sem mangas, bordado com pedrarias e pérolas em torno da cintura alta —; deixou o vestido em cima da cama na manhã da véspera e saiu. Mais tarde, quando voltou para vesti-lo, o encontrou em frangalhos — alguém o havia picotado com uma tesoura.

Ela não disse nada, apenas vestiu outra coisa. Mas guardou a afronta por anos — inclusive os pedaços desfiados de tecido de crepe preto brilhante. Ela se agarrou àquele vestido de todas as formas possíveis e permitiu que o rancor crescesse dentro dela. Aquela situação representava todo o amargor que sentia pelo mundo, era uma prova viva de que estava certa em acreditar que a vida era terrível e cruel. E isso, a crença de que o mundo era horrível, era como uma droga para minha mãe, algo que sempre voltava, constantemente lembrando-a de que sempre esteve certa.

Minha mãe foi criada no catolicismo. Ela ainda lia a Bíblia, algumas vezes com uma das amigas, a irmã Harris, e eu sabia que ela acreditava em Deus, mas entendia que a relação dela com a fé tinha mais a ver com questões morais do que com dogmas. Ela nunca se meteu com religiões organizadas depois de adulta e jamais teria confiado em um pastor, por acreditar que todos não passavam de hipócritas e charlatões.

Acho que minha mãe soube que eu era gay desde muito cedo, mas nunca me senti julgado por ela. A filosofia de vida dela era *laissez-faire*.

— Eu é que pago minhas contas, então ninguém tem nada a ver com a minha vida — dizia ela.

Para mamãe, mantras como esse eram uma forma de religião: algo a ser dito em voz alta para lembrá-la do que acreditava ser verdade. Eram como totens para que ela não se esquecesse de onde tinha vindo e para onde estava indo, e também para se proteger de cair na manipulação dos outros. Foi dela que herdei meu apreço por frases de efeito, mas talvez com um pouco mais de ceticismo em relação à Bíblia. Eu me lembro de ouvir histórias sobre a Bíblia quando era mais novo e pensar que não faziam muito sentido. Para mim, a religião simplificava conceitos difíceis para que as pessoas pudessem entendê-los com mais facilidade. "O diabo" é o ego; "Deus" é uma frequência que não pode ser explicada; "Jesus" é um termo para o potencial que todos nós temos, o potencial de transcender a ilusão da física e de nos lembrarmos de quem somos: uma extensão da força divina. A verdade é que acho que nenhum de nós levava as doutrinas bíblicas muito a sério.

Com minha mãe, aprendi a ser independente e autossuficiente, aprendi a inestimável habilidade de ficar bem sozinho, de conseguir concluir uma tarefa sem precisar da ajuda de ninguém. Ela fazia tudo em casa: quando o gramado precisava de manutenção, ia até lá arrancar ervas daninhas e podar arbustos, vestindo uma túnica de poliéster resistente com uma estampa abstrata em preto e branco que lembrava um arranjo de flores. No entanto, mesmo protegida por sua armadura intransponível, eu sabia que a depressão às vezes conseguia ser mais forte do que ela.

— Ru, você é sensível demais e rumina muito as coisas.

Ela me disse isso quando eu tinha apenas 5 anos.

Anos depois, finalmente entendi o que aquilo significava: ela estava falando de si mesma. Queria evitar que eu cometesse os mesmos erros que ela. Todo o charme de meu pai fez com que minha mãe conseguisse acessar dentro de si um sentimentalismo que, por ser durona, ela não conseguia acessar de outra forma. Só que, quando ele a decepcionou, ela passou a ver essa sensibilidade como um calcanhar de Aquiles. Eu sabia que, quando estava sozinha, ela se deixava levar pela nostalgia, pela fantasia romântica do que poderia ter acontecido se as coisas tivessem sido diferentes, mas, olhando de fora, parecia que apenas encarava o mundo com severidade. Meu pai me cativava da mesma forma que a tinha encantado, e minha mãe não queria que eu caísse na mesma armadilha, que fosse fisgado por ele e acabasse me magoando também. Queria podar as chances de isso acontecer como se faz com uma moita no quintal.

Lembro até hoje o que ela estava vestindo quando me levou até a escolinha Horton para meu primeiro dia de aula. Ela usava um vestido que, mais tarde, descobri ser uma imitação da Dior: era um vestido de botão justo na cintura e com uma saia ampla, de gola alta e manga três-quartos. O tecido tinha círculos sobrepostos nas cores marrom-escuro, marrom-claro e bege, formando um padrão. Eu me lembro de ter achado minha mãe lindíssima. Andei ao lado dela segurando sua mão e olhando para seu rosto.

De certa forma, acho que eu soube que a partir daquele dia não estaria mais com ela o tempo todo. Estava atravessando um portal para um mundo diferente, e minha vida nunca mais seria a mesma. Para mim, ainda hoje, uma das coisas mais difíceis de se aceitar na vida são as despedidas.

Ninguém ia parar em San Diego por acaso. Naquela época, a cidade era predominantemente branca, muito conservadora e muito segregada. Era um lugar pacato e provinciano, uma cidade militar. Aqueles que pretendiam ingressar nas Forças Armadas vinham do país inteiro para morar lá.

A cultura militar entrara em conflito com a cultura das antigas missões de quando os espanhóis dominaram o México, mas as igrejas construídas pelos padres acabaram desaparecendo e, no lugar delas, foram construídas fábricas de aeronaves que nos mandariam para o céu em foguetes. Na época, eu não achava nada disso interessante; pelo contrário, considerava tudo muito entediante, mas, em retrospecto, foi bom. Para mim, estar em San Diego foi como um longo período de gestação para que eu me tornasse quem estava destinado a ser.

Meu pai decidira ir para San Diego durante a Grande Migração, quando pessoas negras se mudaram para o norte e, depois, para o outro lado do país. A migração começou em Baltimore e seguiu para o meio-oeste, para cidades como Chicago e Detroit. A última onda da migração foi a da população negra do Texas e da Louisiana, que seguiu para o oeste e se estabeleceu na Califórnia. Meu pai tinha catorze irmãos e irmãs e, desses catorze, pelo menos uns dez se mudaram para São Francisco, Los Angeles ou San Diego. Ele trabalhava na McDonnell Douglas fabricando aviões, o que significava que ele também fazia parte da máquina de guerra.

Todas as pessoas negras em nosso bairro eram do sul e tinham, portanto, como herança, uma mentalidade que remetia à escravização e que era baseada no medo. Quando se fala em estereótipos sobre pessoas negras que não sabem nadar ou têm medo de cachorros, é porque por muitas gerações elas temiam ter que nadar para tentar fugir, ou porque tinham medo de ser perseguidas por cachorros. Medos como esses são epigenéticos, têm raízes profundas no subconsciente e criam um paradigma interno de regras que por vezes esquecemos que podem ser quebradas.

A opressão sistêmica cria muros que podem parecer impossíveis de transpor, mas o mesmo acontece com a percepção herdada de que se é uma vítima. As pessoas se apegam a essa mentalidade com tanto afinco, que isso se torna uma parte importante de suas identidades. Ninguém consegue tirar isso delas, é algo profundo demais para ser arrancado e analisado de perto.

Meu pai também era assim. Por mais carismático que fosse, no fundo ele era fraco, sentia medo e acreditava ser impossível transcender as restrições do que enxergava como realidade. Ele estava preso demais ao próprio medo de ser quem realmente era e por isso não conseguia permitir que eu fosse quem era. Talvez eu tenha feito com que ele olhasse para partes de si mesmo que eram consideradas femininas, que desafiavam certos limites. Eu conseguia me ver em meu pai e na família dele, no modo como riam, dançavam e se divertiam, mas isso não era recíproco; eles não se viam em mim.

De meu pai, herdei a presença de palco. A verdade era que ele gostava da atenção das mulheres. Mesmo em situações ensaiadas, o foco era sempre mulheres, nunca eu. Era como se ele não soubesse ao certo como lidar comigo.

Ele me levava para Tijuana, que ficava a apenas dezenove quilômetros de onde morávamos, mas parecia ser um mundo completamente diferente. Lá eu cortava o cabelo por 50 centavos, e depois íamos tomar refrigerante de laranja como recompensa. Também íamos até o Nati's para comer tacos de frango ou de feijão, arroz e chouriço. Era tão delicioso que fico com água na boca só de lembrar. Mas sempre me senti distante de meu pai. Fisicamente, eu era uma réplica dele — um espelho que ele não suportava encarar por muito tempo.

Quando era criança, eu sempre pensava em quem seriam as pessoas mais inteligentes do mundo. O que estariam fazendo? No que estariam pensando? Tinha quase certeza de que não seria ninguém muito conhecido, como políticos de Washington ou estrelas de Hollywood. Achava que as pessoas mais inteligentes do mundo eram aquelas de quem ninguém nunca ouvira falar, porque eram espertas o suficiente para ficar de boca fechada. Tinham consciência de que seriam queimadas em uma fogueira se os outros descobrissem o quanto elas sabiam das coisas.

Em quase toda história de faroeste, o mocinho — que é o xerife — sempre parte em busca do vilão, enquanto o sub-xerife prende um inocente. De alguma forma, os habitantes da cidade conseguem tirar a pessoa acusada injustamente da cela e a enforcam antes que o xerife tenha tempo de retornar à cidade. Quando finalmente chega com o verdadeiro criminoso, ele pergunta:

— O que vocês fizeram?

Eu compreendia o que essas histórias queriam dizer: a mentalidade de turba é uma coisa insensata e perigosa. E a turba nunca busca justiça, quer apenas sangue. Nosso inimigo número 1 é a falta de discernimento, e eu sempre soube que poderia ser perigoso demonstrar ser diferente dos demais.

Minha família paterna, assim como as pessoas do bairro onde eu morava em San Diego e meu pai, ainda eram escravizados. Eles tinham medo de tudo. Sempre buscavam validação para atenuar os próprios medos, e isso fazia com que se sentissem bem por um breve momento, mas eles não eram livres. Eu sabia que aquela não era a minha comunidade; compartilhava o senso de humor deles, mas nada além disso. Em termos de sensibilidade, me via mais na ancestralidade francesa de minha mãe.

Lembro que, aos 5 anos, eu estava com outras crianças quando uma delas me chamou de bichinha pela primeira vez. O que aquilo significava? Embora não soubesse ao certo, tinha noção de que era uma acusação da qual precisava me defender. Assim como foi no piquenique e acontecia na televisão, entendi que havia um teatro acontecendo de modo implícito e que, nessa peça, os papéis já tinham sido atribuídos. E a partir de então, enquanto eu estivesse em San Diego, teria que desempenhar o papel que a mim fora atribuído e que, naquela época, era o de "bichinha". Todas as outras pessoas tinham seus papéis também, e era de suma importância que eu descobrisse quais eram, porque havia acabado de entrar em um jogo cujas regras precisava dominar se quisesse ganhar.

O problema em ser bichinha era que esse não era um papel importante ou que alguém visse como o de personagem principal. Eu recebera um papel que não era relevante dentro do sistema de valores do mundo como um todo, principalmente porque eu não fazia ideia do significado daquela palavra. Apenas sabia que tinha minha magia, mas a maioria das pessoas não conseguia enxergá-la. Teria que provar meu valor de outra forma.

No entanto, ainda que eu fosse visto como bichinha, sentia que sempre havia sido bem cuidado — até mesmo protegido.

Quando eu estava no segundo ano do ensino fundamental, era comum que as crianças comessem no refeitório lanches que levavam de casa ou que fossem para casa almoçar e voltassem a tempo do fim do recreio. Na maioria das vezes, eu ia para casa tomar mingau de aveia com passas. Mas, certo dia, cheguei lá e percebi que a porta estava trancada. Bati e ninguém atendeu. Achei estranho, porque minha mãe costumava ficar em casa. Imediatamente pensei que devia ter acontecido alguma coisa, provavelmente algo entre minha mãe e meu pai — algo no relacionamento deles —, e que por isso ela não estivesse em casa. Não havia outra razão para minha mãe ter saído. Ela nem sequer sabia dirigir.

Fiquei sentado na varanda esperando por ela. Aguardei um tempão, até o fim do que teria sido meu recreio. Voltei para a escola com fome e, quando fizemos fila para entrar em sala de aula, comecei a chorar. Não queria chamar atenção. Mesmo naquela idade, eu sabia como manter a calma. Mas não consegui conter as lágrimas.

Uma menina atrás de mim percebeu e gritou:

— Srta. Lang! RuPaul está chorando!

Todas as crianças ficaram em silêncio e olharam para mim.

A srta. Lang era uma mulher branca e alta. Estava usando um vestido de cor sóbria, óculos de gatinho e o mesmo penteado que Mamie Eisenhower. Ela veio até mim, tirou um bloquinho de notas e um lápis do bolso e escreveu um bilhete.

— Leve isso até o refeitório — instruiu ela.

Fui até o refeitório deserto e entreguei o bilhete para a moça da comida, que me deu uma bandeja com um cachorro-quente e umas batatinhas chips. Quando fui me sentar, vi que o diretor da escola estava lá também. Ele usava uma camisa branca de manga curta por dentro da calça e uma gravata fina e longa. Coloquei a bandeja na mesa em que ele estava e nós comemos lado a lado. Naquele momento, eu soube que estava sendo cuidado. Minhas necessidades haviam sido atendidas.

Por que eu me lembro disso até hoje? Pela crise evitada por pouco; pelo medo visceral de não saber onde minha mãe estava; pelo desconforto físico da fome e pelo constrangimento das lágrimas. Mas, acima de tudo, lembro porque foi a primeira vez que o mundo se reorganizou para acolher o que eu estava sentindo, que era diferente, à parte dos demais. Eu era a única criança no refeitório almoçando com o diretor. Nesse sentido, eu era especial. Mas também estava sozinho.

Outra lembrança: minha família estava reunida no Belmont Park, um parque de diversões perto de Pacific Beach. Era um domingo de sol e tínhamos ido passear; já havíamos aprendido com a televisão e os filmes que era na praia que a diversão acontecia. Aquele era o melhor e mais cobiçado lugar. Era a razão pela qual a cidade existia, para começo de conversa: para que todos pudessem estar perto daquela praia.

Eu tinha 5 ou 6 anos, e o píer estava cheio de famílias militares brancas e de classe média, todas atraídas para San Diego pela propaganda de guerra. Minha boca estava suja de algodão-doce e o ar tinha cheiro de bolo, mas, ao mesmo tempo, sentia-se também um odor azedo de vômito. Em San Diego, o sol era forte, mas na sombra ficava fresquinho. Todos estavam prestando atenção nos brinquedos gigantescos, principalmente na Giant Dipper, uma lendária montanha-russa de madeira. Eu olhava de meu pai para minha mãe; havia algo pairando sobre minha família. Se eu tivesse que descrever o sentimento em palavras, seriam: *Não vamos conseguir fazer isso por muito mais tempo.*

E depois estávamos de novo no Plymouth 1954 de meu pai, percorrendo a rodovia 94 para voltar para casa, na Hal Street. Meu pai dirigia e minha mãe estava no banco do passageiro segurando minha irmã Rozy, que ainda era bebê. Eu estava no banco de trás sentado entre Renae e Renetta.

O silêncio no carro era denso. Naquele momento, eu soube que não estava tudo bem. Sentia que aquelas duas pessoas não se gostavam; para ser mais exato, sentia que queriam esganar um ao outro. Não havia alegria, apenas hostilidade. Quando penso nesses momentos, acho que, bem lá no fundo, pressentíamos que aquela seria a última vez que faríamos aquilo — fingir que éramos uma família.

Meu pai era egoísta e infiel, mas era sempre minha mãe quem passava dos limites, pegando um abajur e arremessando-o do outro lado do cômodo. Minhas irmãs e eu corríamos para os fundos e ficávamos encolhidos no cantinho, juntos. Renetta, que sempre foi a mais coração mole, nos puxava para um abraço em grupo — aquela cena daria um filme e tanto, e ela sabia disso.

Nunca vi minha mãe machucada. Talvez uma única vez, quando ela apareceu com um hematoma no braço, bem onde meu pai a segurara. Mas acho que ele batia nela, porque, depois que ele foi embora, minha mãe sempre dizia para nós:

— Se um homem bater em você uma vez que seja, vá embora. As coisas nunca vão melhorar.

Tudo deixava minha mãe furiosa, até mesmo o simples fato de ver alguém sentado no muro de contenção de nossa casa. Sempre que isso acontecia, ela gritava da janela: "Saia da porra do meu quintal!" Então, quando meu pai comprou um conversível, um Oldsmobile Delta 88 branco, e começou a trair minha mãe com uma mulher chamada Betty — que parecia uma versão mais nova de Nichelle Nichols de dentes separadinhos —, a catástrofe estava anunciada. Certa noite, quando ele demorou para chegar em casa, minha mãe pegou uma lata de tinta vermelha em spray e escreveu BETTY na lateral do carro. Depois disso, a porta da garagem passou anos com uma manchinha de tinta vermelha.

Outra lembrança da porta da garagem me vem à mente, uma de não muito tempo depois do incidente com a tinta vermelha, mas nessa ocasião recordo de vê-la aberta. Minha mãe estava brava com meu pai, como sempre. Renetta, Renae, Rozy e eu estávamos do outro lado da rua, vendo uma briga que acontecia em frente à garagem.

Mamãe tinha jogado gasolina no carro todo e estava perto da traseira, do lado do passageiro, segurando uma caixa de fósforos.

— Vou colocar fogo nessa merda, seu filho da puta — dizia ela. — Vou tacar fogo nessa merda.

Ele estava do outro lado do conversível, implorando para que ela se acalmasse.

— Toni, por favor. Por favor, Toni...

Várias pessoas da vizinhança se aglomeraram ao redor, assistindo à cena. Mamãe tinha uma plateia atenta e estava disposta a incendiar a casa inteira em sua fúria.

Quando revisito essa cena em minha memória, é como se eu fosse um cinegrafista e estivesse filmando a mim mesmo. Depois, a imagem corta para a expressão de choque de minhas irmãs. Há uma tomada de câmera em movimento e, por fim, uma tomada feita do alto. Daria um filme muito bom.

Anos depois, entendi que naquele momento eu dissociei. Era muito novo para lidar com o que estava acontecendo, teria sido devastador para mim. Então, simplesmente deixei meu corpo.

No fim das contas, a irmã Harris veio do fim da rua e convenceu minha mãe a largar os fósforos, os caminhões dos bombeiros foram embora e nada mais aconteceu. Não lembro se meu pai entrou em casa ou foi para a casa de Betty, mas estávamos acostumados a ver mamãe fazer coisas como essa.

Pouco tempo depois, ele se mudou para um pequeno bangalô na rodovia 94. Não me recordo de ter me despedido dele, mas me lembro de visitá-lo na nova casa. Eu não sabia que casas tão pequenas existiam; embora eu fosse criança, ainda parecia ser muito minúscula. Era difícil até mesmo dar a volta nos móveis na sala de estar.

Nos dias em que ele nos buscaria para passarmos um tempo juntos, eu me sentava na varanda para esperá-lo, mas frequentemente ele não aparecia. Nosso pai só pensava em si mesmo. Eu sabia que não éramos uma prioridade para ele. Sempre havia sido assim. Era muito evidente para mim, pela forma como se comportava, que ele estava determinado a não mudar seu modo de viver só porque tinha uma esposa e filhos.

Minha mãe adorava todas as apresentações que eu fazia para ela. Até hoje, quando subo no palco, repito um mantra mentalmente antes que a gravação comece ou que as cortinas se abram: *É só a sala de mamãe. Não tem por que ficar nervoso. Ela vai amar tudo que você fizer.* O incentivo dela foi o que me inspirou a ser artista; eu sabia que ela estava torcendo por mim. E, quando me lembro dela, toda e qualquer ansiedade que eu esteja sentindo simplesmente evapora; basta que eu imagine que o público é minha mãe torcendo por mim.

Quando estou no camarim sozinho, quase sempre sinto uma vontade repentina de estar em casa com minha mãe. O portal pode ser o espelho, ou talvez a tela de uma TV desligada. Assim que atravesso o portal, me vejo na Hal Street outra vez — e me despeço. Aceito que a vida sempre vai ser assim. Que sempre vou estar arrumando minhas coisas em um camarim, me afastando da segurança do lugar que chamo de lar. Quando era jovem, aprendi que nada é permanente.

Sei que meu lar é este momento, neste corpo. Nós temos lugares para chamar de casa por toda parte. Por isso deixo minhas malas sempre prontas, para que eu tenha recursos para levar a mágica aonde quer que eu vá. Solto a mão de minha mãe. Vou para a escola. Vou para o trabalho. Subo ao palco. Saio de casa uma vez, duas, três, depois volto. Fico sentado naquela varanda esperando por meu pai, mesmo sabendo que ele nunca aparecerá. Então me despeço dele, uma vez, duas, três. Digo adeus.

Como ele pôde ser tão cruel a ponto de me deixar esperando naquela varanda? Jamais deixaria meu filho esperando por mim daquele jeito, seria muito insensível. Mas estou projetando nele a consciência que tenho hoje. Sei que não é certo, mas ele não sabia. Meu pai jamais levaria isso em consideração porque os olhos dele estavam fechados. Ao contrário de minha mãe, que me enxergava, meu pai não conseguia fazer isso. Nosso inimigo número 1 é a falta de consciência. Agora

mais velho, entendo a sabedoria que sempre esteve a minha espera, tão simples e óbvia, mas tão difícil de aprender...
Azar o dele.

Em minhas lembranças, vejo a porta da garagem aberta. Minha mãe segurando uma caixa de fósforos, o cheiro de gasolina. Biscoitos de manteiga de amendoim sobre a mantinha, o sol intenso de San Diego.

Anos depois, visitei a casa na Hal Street, só pelas memórias. Subi a calçada e fiquei de frente para meu antigo lar, no mesmo lugar onde estivera décadas antes com minhas irmãs, assistindo à nossa mãe ameaçar colocar fogo em tudo. Em minha mente, visualizei uma câmera filmando uma tomada longa que partia da rua, primeiro dos vizinhos reunidos e depois de mim, observando o desenrolar da coisa. Que engraçado, eu não tinha percebido: observar a cena que se passava dentro da garagem aberta, uma caixa retangular, era exatamente como assistir à TV.

DOIS

Cerritos

"Muitos de nós têm uma garota vivendo em segredo dentro de si. A minha despertou quando eu tinha 12 anos e Cleopatra Jones foi lançado, em meio à explosão de filmes de blaxploitation."

Andei de avião pela primeira vez para visitar meu pai. Não passava dos 10 anos. Tudo naquela experiência parecia muito familiar: olhar para as coisas lá embaixo, a sensação de liberdade, a empolgação da velocidade com que voávamos. E como era alto! Eu amava estar lá em cima, amava a sensação de potencial infinito, de ir mais rápido do que o resto do mundo.

Por mais que a jornada até lá fosse empolgante, o tempo que passava com meu pai era um pouco mais complicado. Ele tinha se mudado para Cerritos, um subúrbio de Los Angeles a cerca de duas horas de San Diego, e trocado o emprego na fabricação de aviões por outro como engenheiro na Best Foods, que fazia todos os produtos vistos na TV: manteiga de amendoim Skippy, amido Argo e xarope Karo. Eu sempre torcia para que ele trouxesse donuts da Entenmann's para nós, mas ele nunca trouxe.

Continuou namorando Betty pelos dez anos seguintes, mas acho que nunca foi muito sério. Imagino que ele saía com outras mulheres, e os dois não chegaram a morar juntos. Ele morava sozinho e ela, em um apartamento no Jungle, um bairro predominantemente negro perto de Baldwin Hills, não muito longe do aeroporto. Eu me lembro de Betty como uma pessoa adorável; nunca senti raiva dela. Por mais estranho que pareça, eu a entendia de uma forma que não conseguia entender meu pai. Ela parecia arrependida, como se ficasse mal pelo papel que havia desempenhado na dissolução do casamento de meus pais. Ela nunca disse nada do tipo, era apenas algo que eu intuía. A filha de Betty trabalhava em um escritório num dos estúdios da Warner Bros. em Burbank, e Betty me levou lá uma vez, quando eu tinha 11 anos, para ver como era. Naquele dia, eles estavam filmando um longa-metragem adolescente chamado *The Toothpaste Millionaire*. Assistir à gravação e presenciar o vaivém de atividade no estúdio me fez sentir que aquela era uma prévia de meu futuro. O protagonista do filme até se parecia um pouco comigo; nós tínhamos mais ou menos a mesma idade. *Poderia ser eu*, pensei. Um dia, quem sabe, seria: eu me tornaria a pessoa que atua em um estúdio. Senti tanta gratidão por Betty por essa experiência quanto pelo pedido de desculpa em seu olhar.

Nunca deixei de pensar no *show business*. Eu me lembro de ter escrito minha primeira música, "Love, Love, Love", depois de ver o programa *A Família Dó-Ré-Mi*. Mostrei para as crianças da vizinhança com o intuito de começarmos uma banda.

Meu pai havia comprado uma casa em Cerritos, e nós íamos visitá-lo de vez em quando, principalmente nas férias de verão, quando podíamos ficar por algumas semanas. Mas ele era basicamente um fantasma, tão desligado e egocêntrico que, aos 11 anos, eu conseguia pegar as chaves de seu Toyota Corona 1969 e dirigi-lo pelas redondezas, virando apenas à direita — virar à esquerda me deixava nervoso —, sem que ele percebesse. Ele nem mesmo pagou pensão alimentícia, e por isso minha mãe ficou com a casa após o divórcio.

Depois que meu pai foi embora, minha mãe se afundou na cama e ficou assim por muito tempo — vários anos. Já adulto, descobri que ela tinha ido a um médico e saído da consulta com uma prescrição para Valium e Lítio, mas tudo que eu percebia na época era que ela havia se desligado de uma forma diferente de meu pai.

Quando eu tinha 8 anos, uma garota branca que estudava na Universidade Estadual de San Diego alugou um duplex no cânion a uma quadra de nossa casa. Ela tinha uma motoca, e eu sempre a via passando em frente à nossa casa, parecendo muito livre — do jeito que eu sonhava ser. Um dia ela passou por mim e parou, provavelmente percebendo a curiosidade em meus olhos.

— Quer dar uma volta? — ofereceu ela.
— Quero! — respondi.
— Vá perguntar para sua mãe se você pode.

Entrei em casa e contei até dez, depois voltei correndo.
— Ela deixou! — gritei.

Subi na garupa e a garota deu partida na motoca. Senti o vento batendo no rosto, o sol brilhando no céu. Estava feliz e me sentia vivo. Fomos até o zoológico e o El Cajon Boulevard. O mundo parecia maior do que em meu pequeno bairro, como se coisas que eu jamais havia imaginado fossem possíveis. Minha mãe nunca descobriu.

Era empolgante guardar um segredo, como se aquele fosse o início de uma vida adulta da qual minha mãe não tinha a menor ideia. Eu sabia que ela estava lutando contra os próprios demônios. Ela ficara muito abalada com o fim do casamento, por ter permitido que seu calcanhar de Aquiles ficasse exposto daquela forma, por ter deixado meu pai partir seu coração. Pelo resto da vida, ela o veria como seu nêmesis: o causador de todo o seu mal.

Para minha mãe, ficar sozinha era muito sofrido; a solidão era debilitante. Já eu nunca tive medo de sair por aí por conta própria; sempre me senti só, de todo modo. Por mais que minhas irmãs me protegessem, tinham a própria vida, então cabia a mim desenvolver minha independência. Depois do passeio de motoca, comecei a pegar ônibus e a percorrer toda a cidade de San Diego para conhecer mais a fundo o que eu só havia visto de relance. O ponto de ônibus na esquina de nossa rua, na Hilltop Drive com a Forty-Seventh Street, era um portal para o resto do mundo. Ao lado havia uma escada que levava à Sally's Candy Store, onde eu comprava ChocoStix quando tinha dinheiro, e à loja de discos que vendia as novidades do momento.

Certa vez, peguei um ônibus para a praia e passei o dia lá, caminhando pela areia, observando pessoas cujas vidas pareciam tão mais interessantes que a minha. Acho que contei a algum dos meninos de minha rua que eu estava fazendo isso, porque quando desci do ônibus na volta havia um grupo de crianças do bairro esperando por mim de braços cruzados. Elas me olhavam como se eu estivesse fazendo algo errado.

E, para elas, eu estava mesmo. Tinha violado os limites do universo de nosso bairro e das pessoas que o habitavam. Deveríamos nos colocar em nosso lugar, mas aquilo mostrava que eu me recusava a aceitar o meu. As crianças que eu conhecia iam até uma reserva para pescar e depois voltavam com as costas queimadas de ficar o dia todo debaixo do sol. Eu até podia ir junto, mas isso era uma coisa corriqueira, manjada, algo que todo mundo fazia. As outras crianças ficavam onde deveriam ficar e com pessoas que eram como elas. Era muito raro que fugissem daquilo.

Ao desejar algo tão vasto e desconhecido como o oceano, eu revelava meu desejo de experimentar a plenitude da vida. E elas não gostaram nem um pouco disso.

Minha mãe estava arrasada. Seu único propósito de vida era ser casada e pertencer ao marido, ainda que o amor por ele tivesse acabado. Quando o marido se foi, ela se sentiu abandonada. Sem meu pai, a identidade de minha mãe desapareceu e ela teve que se reencontrar. Quando era criança, na escola paroquial, queria ser freira — imagino que ela gostasse mais da ordem e da hierarquia do que do dogma em si —, mas, em vez disso, acabou indo para a escola de secretariado, onde aprendeu a digitar 65 palavras por minuto. Assim, depois de alguns anos dentro do quarto sofrendo pelo fim do casamento, decidiu voltar a trabalhar.

Sei que, em certa medida, ela se inspirava nas mesmas coisas que eu: nos programas que víamos na TV. Lembro que ela assistia a Jacqueline Onassis completamente deslumbrada, devia pensar: *Essa aí é dura na queda*. Jacqueline havia superado uma das piores coisas imagináveis — ficar com o cérebro do próprio marido nas mãos — e dado a volta por cima ao se casar com um milionário e continuar aproveitando a vida. Talvez Jackie O fosse a mulher mais famosa do mundo naquela época. Minha mãe tinha as mesmas proporções que ela, parecia uma modelo, e sabia que também poderia ter aquele estilo. Então decidiu voltar para o mundo e retomar sua vida, assim como Jackie fizera. Adeus, túnica de poliéster. Olá, terninhos sob medida — que ela mesma costurava em gabardine cinza.

Minha irmã Renetta, já adolescente, trabalhava na organização Paternidade Planejada como assistente de enfermagem. Ela entrava no procedimento junto às mulheres para que elas pudessem ter alguém ao lado e se sentirem seguras. Nossa mãe decidiu arranjar um emprego lá também, mas na área administrativa. Aquilo era parte de um movimento rumo ao progressismo que representava valores que ela levava a sério e, talvez mais importante ainda, fazia com que se sentisse como Mary Tyler Moore, uma mulher moderna que estava fazendo aquilo por si mesma.

Quando minha mãe chegava do trabalho, víamos *The Flip Wilson Show* juntos. A personagem principal era uma mulher chamada Geraldine, que era simplesmente Flip usando cílios postiços, batom e peruca. Flip interpretava Geraldine como comissária de bordo ou atendente, e o ator convidado, alguém tipo Dean Martin, sempre se apaixonava por ela. Quando os dois tentavam alguma coisa, Geraldine gritava:

— Não me toque! Não coloque as mãos em mim!

Nós rolávamos de rir.

Eu sabia, já naquela época, que aquele era um evento cultural importante para a comunidade negra: ver um comediante negro apresentar um programa de variedades popular no horário nobre. Minha mãe sempre se sentiu excluída da cultura negra por ter a pele clara, mas ali, enquanto ria, ela se sentia livre. Para mim, no entanto, o mais importante era que aquela personagem era popular mesmo sendo transgressora — um homem vestido de mulher. Flip estava quebrando certas regras sociais e, ainda assim, triunfando, o que significava que isso era possível.

As coisas tinham mudado e havia espaço para uma personagem como Geraldine. Era a revolução sexual em meio ao movimento dos direitos civis. As pessoas estavam abrindo as asas e experimentando coisas novas como nunca antes. Ali estava uma pessoa desafiando os limites de gênero na televisão. Milton Berle e Jonathan Winters já haviam feito drag também, mas Geraldine era uma mulher negra — e nos era familiar. Ela tinha a piscadela que conhecíamos, gostava de se divertir. Tinha senso de humor, mas só até certo ponto, depois ficava irritada e indignada. Vestida de garçonete, ela anunciava:

— Ah, e só para constar, eu *não estou* no cardápio! Ela não era linda, mas nos fazia acreditar que era. Isso não significa que passei a entender o que era drag, mas aquilo certamente expandiu minha visão de mundo — a ideia de que homens podiam se comportar como mulheres em certas situações, bem como ver que isso podia fazer as pessoas rirem, inclusive minha mãe. Não muito tempo depois, Renetta recortou uma matéria de jornal sobre Christine Jorgensen, a primeira mulher trans que ficou conhecida nos Estados Unidos por ter feito uma cirurgia de redesignação sexual. Não entendi por que minha irmã me deu aquilo, mas tinha minhas suspeitas. Tive a impressão de que ela estava tentando ajudar. As pessoas sempre me confundiam com uma garota, porque eu tinha um cabelo afro volumoso e traços delicados. Além disso, assim como Jackie Onassis e minha mãe, eu também estava começando a desenvolver uma estrutura corporal de modelo.

Muitos de nós têm uma garota vivendo em segredo dentro de si. A minha despertou quando eu tinha 12 anos e *Cleopatra Jones* foi lançado, em meio à explosão de filmes de blaxploitation. Vi o filme na tela do cinema *drive-in* que conseguíamos enxergar do jardim de nossa casa. Lá estava ela: destemida, forte, intensa. Ela usava calça boca de sino e um casaco de pele, tinha um afro volumoso e não pensava duas vezes antes de usar uma arma. Cleopatra Jones não obedecia às regras, não acatava ordens. Eu amava tanto a personagem que escrevi uma carta para a Warner Bros. perguntando quando lançariam o próximo filme.

Só depois de adulto é que entendi: era assim que eu me via. Ou melhor, Cleopatra Jones era quem eu queria ser. Quando você entende quem é sua garota secreta, ela pode ser de grande ajuda. Você pode conhecer melhor essa personalidade que vive dentro de você, entendê-la a fundo, descobrir suas características e quando e como precisa ser revelada ao mundo. No entanto, por mais poderosa que sua garota secreta possa ser, ela é igualmente perigosa quando você se recusa a admitir sua existência — e a entender do que ela precisa.

Também é importante descobrir quem sua garota secreta *não é* e o que ela *não quer*. Mais ou menos na mesma época, minha mãe e uma amiga dela levaram todos nós para assistir a uma sessão dupla de filmes: *O vale das bonecas* e a sequência não oficial, *De volta ao vale das bonecas*, que tinham classificação X — considerados pornográficos. Em um dos filmes, havia um homem gay extravagante, que mais tarde revelou ser uma mulher, removendo uma faixa apertada do peito e exibindo os seios. Em outro momento, o mesmo personagem coloca o cano de uma arma na boca de uma garota que estava dormindo, e ela começa a chupá-la como se fosse um pau. Depois ele aperta o gatilho.

Soube intuitivamente que aquele conteúdo era explícito demais para mim. O humor de Flip Wilson me cativava, mas a sexualidade nua e crua daquelas cenas foi traumática. O humor ia direto ao ponto, mas o sexo era confuso. Eu tinha pais em quem não podia confiar e que estavam tão presos no próprio psicodrama vampiresco que não levava em conta meu bem-estar. Em minha família, eu me sentia como um eunuco. Não havia ninguém para dizer: "O sexo funciona assim". Nesse aspecto, eu teria que me virar sozinho, e nada do que via nas telas estava ajudando.

Parecia haver diferentes maneiras de ser uma garota — mais, talvez, do que de ser um garoto. Minha irmã Renetta se portava de forma muito graciosa, como se ensinava na Barbizon Modeling School: uma anfitriã gentil e amável, fazendo com que todos ficassem à vontade, sem importar o quanto ela tivesse que se desdobrar para isso. Renae era muito diferente, muito combativa em relação a minha mãe. Havia também as mulheres que eu via na televisão, como a elegante e sofisticada Diana Ross, ou Cher, que minhas irmãs me contaram que nunca usava vestidos, o que eu achava o máximo. E havia minha mãe, que era durona e destemida, mas movida por um rancor brutal.

Algum tempo depois da separação de meus pais, a irmã de meu pai, Bea, foi até nossa casa. Minha mãe tinha acabado de chegar e estava pendurando o casaco quando ela bateu à porta. Bea queria conversar sobre algo relacionado à separação deles, mas minha mãe não quis papo.

— O que você pensa que está fazendo na minha casa, porra?! — gritou mamãe. — Quem você pensa que é para vir até a *minha* casa, caralho? Falar sobre *meus* filhos? Suma daqui, sua vagabunda!

Usando o cabide como se fosse uma faca, ela atacou Bea, cortando o nariz dela. Foi sangue para toda parte. Bea teve que levar dezoito pontos, mas não prestou queixa na polícia. Se a intenção de minha mãe era ensinar a mulher a não se meter com ela, deu certo. Mas a verdade é que não sei qual era a intenção dela: se realmente quis machucar Bea ou se simplesmente perdeu o controle. Bea representava tudo que ela odiava em meu pai. As irmãs dele eram como um bando de bruxas e tinham encorajado o adultério da parte dele porque nunca gostaram de minha mãe. Quando Bea apareceu na porta para se intrometer, mamãe perdeu sua última gota de paciência.

───────

Minha mãe ficou devastada com o divórcio, mas nós, os filhos, não reagimos muito melhor. Tudo virou de cabeça para baixo. Renae, que nossa mãe tinha mandado para morar com nossa avó, ficou do lado de nosso pai. Em seu aniversário de 16 anos, Renetta e Renae foram jantar com ele, que levou Betty a tiracolo. Quando voltaram para casa e nossa mãe descobriu que Betty havia ido junto, ficou furiosa.

— Peguem as tralhas de vocês e sumam da porra da minha casa — disse ela.

Depois de expulsá-las de casa, minha mãe deu parte delas à polícia como se tivessem fugido, embora elas não tenham deixado de ir à escola ou de trabalhar. Acabaram indo morar com uma psicóloga da escola onde estudavam, uma mulher chamada Alfrieda. Ela era de pele retinta e tinha um cabelo afro bem curto. Alfrieda era muito bonita e usava roupas estilosas. Eu me lembro de um vestido de linho vermelho-tomate, verde e azul-cobalto que ela usou certa vez. Alfrieda era muito moderna e muito compreensiva, o que enfurecia minha mãe.

— Aquela filha da puta esnobe — dizia ela com amargura.

Minha mãe sempre colocou a educação em primeiro lugar. Quando eu era pequeno, falei que ela devia ter me chamado de RuPaul "Estudos" Charles. Ela morreu de rir da piada. Era a coisa mais importante do mundo para ela como nome do meio do próprio filho.

No entanto, infelizmente, eu odiava a escola e não gostava de fazer o dever de casa, só queria brincar pela vizinhança com meu amigo Gary. Ele tinha um irmão mais velho que chamávamos de Joaninha. Certa noite, Gary roubou um baseado que estava no bolso de Joaninha e levamos para um canteiro de obras a um quarteirão de casa. Nós nos sentamos sobre um transformador de energia e acendemos o baseado, tossindo por causa da fumaça. Depois de alguns minutos, comecei a gargalhar. E de repente estávamos rolando de rir no chão, nos abraçando, e, naquele momento, tudo mudou. Senti uma liberdade que nunca tinha vivenciado antes. Todos os limites deixaram de existir. A alegria que sempre suspeitei estar além do mundo que percebíamos veio à tona. A ilusão de que eu conhecia o universo entrou em foco pela primeira vez. Foi a confirmação de algo que, de certa forma, eu sempre soube: a vida não era nada além de uma grande piada. Qualquer pessoa que a levasse a sério não estava entendendo nada.

Gary e eu começamos a usar drogas juntos sempre que podíamos. Outras vezes, ficávamos de butuca em um supermercado do bairro chamado Big Bear, à espera do carregamento de bebidas. Aguardávamos pelo momento em que o entregador deixava o caminhão aberto e entrava no estabelecimento para levar as bebidas, então pulávamos no veículo, pegávamos uma garrafa de Bourbon cada um e saíamos correndo para o cânion, nos sentávamos em uma casa na árvore e bebíamos. Então teve uma noite em que bebi demais e voltei para casa aos tropeços, indo direto para o banheiro vomitar.

Minha mãe entendeu na hora o que estava acontecendo.

— Está vendo só, seu filho da puta? — É o que eu me lembro de ouvi-la dizer enquanto eu abraçava a porcelana fria do vaso sanitário. — Bem feito!

Houve outra ocasião em que fumei, no cânion, um baseado que tinha um pouco de pó de anjo — que era muito fácil de ser encontrado antigamente. Fui meio cambaleante para casa, mas não consegui passar pelo muro de contenção do quintal para entrar; em vez disso, comecei a dar cambalhotas, me apoiando na parede e rolando até a calçada. Minha mãe apareceu e me encarou, desconfiada.

— O que pensa que está fazendo? — perguntou ela.

— Só estou feliz — respondi.

Ela não insistiu, mas com certeza sabia que havia algo por trás daquilo.

Acho que todos estávamos tentando escapar da realidade à própria maneira. Renae acabou indo morar com meu pai em Cerritos por um tempo; pouco depois, entrou para a Força Aérea. Renetta se apaixonou por um rapaz chamado Gerald, que conheceu na escola.

Eu gostava de Gerald. Naquela época, sentia que ele estava abrindo meus olhos para as possibilidades do que eu ainda poderia fazer. Ele era muito ambicioso e queria se tornar um empreendedor, não um funcionário qualquer. Era leonino, inteligente e, como eu, sonhava com uma vida melhor. Aos domingos, nossa mãe, Renetta, Rozy e eu andávamos de carro com ele, admirando as casas das pessoas ricas de La Jolla. Gerald também queria morar em uma casa elegante um dia e dirigir um carro chique.

— Olhe aquela ali! — dizia Renetta.

— Quero morar lá.

— Não... Essa aqui é mais bonita ainda.

Somente pessoas muito ricas moravam lá, como Dr. Seuss, Jonas Salk e Efrem Zimbalist Jr. Passávamos de carro na frente da casa de todos eles e depois íamos até Del Mar para ver a casa de Desi Arnaz. Os imóveis eram bonitos, mas o que importava mesmo para mim era o ritual de fazermos isso juntos, semeando o futuro que eu queria construir. Sentia que Gerald, assim como eu, entendia por que fazer aquilo era tão crucial. Ele se atrevia a ter ambição e eu também.

Gerald e Renetta se casaram quando ele tinha 17 anos e ela, 18. O casamento aconteceu na prefeitura e a festa foi na casa dos pais dele. Nas fotografias, os dois estão com um penteado afro e ela usa um vestido branco e um colar de pérolas em torno da cintura alta. Minha mãe telefonou para Renae logo depois do casamento.

— Só queria avisar que sua irmã se casou hoje — disse ela, como se não fosse nada de mais. — E estamos na casa dos Covington comendo bolo.

Ela só estava usando Renae como desculpa para dar um recado a meu pai, provavelmente na tentativa de emasculá-lo: *Sua filha se casou com um rapaz e você nem sequer foi homem o suficiente para estar presente.*

Gerald estava estudando na Universidade da Califórnia, e os recém-casados se mudaram para um alojamento estudantil em La Jolla. Na parede do apartamento onde moravam havia uma foto de Sylvester, cantor de disco, deitado em uma *chaise longue*, usando cetim. Era luxuoso, decadente e feminino.

Apontei para a foto.

— Quem é? — perguntei à Renetta um dia em que a visitei.

— Ah, é Sylvester, um transformista de São Francisco que faz shows — respondeu ela, distraída.

Era uma completa anarquia fazer o que ele estava fazendo. Era muito rock 'n' roll. E eu sabia, mesmo sendo adolescente, que aquilo era importante.

A maioria das pessoas queer compartilha a experiência de crescer se sentindo pelo menos um pouquinho diferente. Mas eu era *muito* diferente, tanto que não passava despercebido por ninguém. Desde muito cedo, era visto na vizinhança como a bichinha, a ponto de nem sequer poder fingir ser como os outros garotos. Nunca funcionaria.

Havia algo intangível que me fazia ser diferente de todos e que as pessoas notavam. Eu sabia que as outras crianças gostavam de mim, mas sempre me senti um pouco escanteado pelos outros meninos. Quando eu estava no fim do ensino fundamental, um garoto chamado Cliff se mudou de Los Angeles para nosso bairro. Cliff era agressivo, mais do que qualquer pessoa de minha idade que eu conhecia. Ele encontrou em mim uma presa fácil para demonstrar sua dominância, então decidiu deixar bem evidente que ia me dar uma surra. Evitei a situação o máximo que pude, mas cheguei a um ponto em que não tive escolha a não ser lidar com isso. Pensei que seria mais fácil se eu o pegasse de surpresa, então o esperei depois da aula e dei o primeiro soco. Ele me bateu de volta, e o anel que estava usando cortou meu supercílio esquerdo, que começou a sangrar. Rapidinho nos separaram. Essa é a única briga na infância da qual consigo me lembrar. Era como se eu fosse protegido por uma força onipresente, mas mesmo dentro dessa proteção me sentia sozinho.

Como eu era muito consciente de todas as maneiras que não me encaixava, achei notável quando um garoto da escola chamado Lamar expressou mais do que apenas educação ao interagir comigo. Ele era muito alto e muito bonito. Para ele, nossa conversa provavelmente foi como outra qualquer, mas para mim foi eletrizante — era como se ele não se desse conta de como me sentia distante das outras crianças. Na manhã seguinte, alguém bateu à porta. Era Lamar. Minha mãe atendeu e perguntou:

— Quem diabos é você?

Terminei de me arrumar depressa, constrangido com a grosseria dela, e saí correndo para ir até a escola com ele. Não consigo colocar em palavras o quanto aquilo me tocou. Por que ele faria uma coisa daquelas? Pegar um caminho diferente só para passar em minha casa? Eu me lembro de pensar que aquela era a coisa mais gentil que alguém poderia fazer. Foi a primeira vez que um garoto agiu como se gostasse de mim de uma forma romântica, e eu estava nas nuvens.

Anos depois, entendi que ver Lamar em minha porta era o oposto de ter ficado lá plantado esperando meu pai. A varanda representava um portal para o amor. Meu pai estava banido; ele era charmoso e encantador, mas nada daquilo era genuíno. Na verdade, era tão artificial, que jamais lhe ocorreria que eu poderia estar esperando por ele. Com Lamar, era o oposto. A consideração dele ao passar pela minha casa mexeu comigo de um jeito que eu não sabia ser possível. Eu me apaixonei imediatamente.

Garotos têm um jeito específico de tratar garotas de quem gostam, é um tipo de afeto que sempre desejei receber de meu pai, mas nunca ganhei, ainda que ele o tivesse para dar e vender para minhas irmãs. Mas foi o que recebi de Lamar. Ele não se incomodava com a forma que todos me viam, para ele não era motivo para se afastar. Aquele era meu calcanhar de Aquiles. Daquele momento em diante, ele passou a ser meu ponto fraco. Antes, eu ia para a escola com minha vizinha Shirley, ouvindo a rádio que tocava os hits do dia no discman vermelho-tomate dela da Panasonic. E então comecei a ir junto com Lamar.

Eu sabia que havia uma tensão sexual em nossa amizade porque sempre me sentia muito nervoso, bastava vê-lo para que minhas mãos começassem a suar. E ele se sentia da mesma forma em relação a mim, embora não tenha rolado nada entre nós. Ao pensar nisso hoje, me dou conta de que não consigo me lembrar de como eu agia com ele, apenas do jeito que ele agia comigo. Quando me transporto mentalmente para a sala de estar da casa dele, consigo vê-lo em minhas lembranças, mas nunca vejo a mim mesmo. Hoje entendo que existem homens parecidos com meu pai, engraçados e extrovertidos, que fazem com que eu me perca completamente. É como se eu, em toda a minha insegurança, desaparecesse, arrebatado pelo carisma de um homem. Sentir aquilo com Lamar era magnífico.

Não é estranha a forma como essas paixões de adolescência acabam ganhando uma dimensão mítica? Minhas fantasias com Lamar eram exatamente assim, e, em meu coração, ansiava por ele, dia após dia que passávamos juntos. No entanto, acho que fingia que, para mim, aquela era uma amizade como outra qualquer. Também fiquei amigo do irmão mais novo dele, Jimmy, e lembro de ficar chapado com os dois, rindo. Mas havia algo entalado em minha garganta, uma pergunta à qual eu ainda não sabia responder.

Quando não estava imerso nessa amizade, eu era deprimido e me sentia sufocado na provinciana San Diego. A escola me entediava demais — quando eu ia à aula, o que não acontecia com frequência. No ensino médio, fui para um colégio afastado, no subúrbio, só porque Lamar estudava lá e eu queria estar perto dele. Ele passava o tempo sobretudo flertando com garotas.

Nunca aprendi nada na escola. Tudo que aprendi foi lendo livros, assistindo a programas de televisão e observando pessoas. Renae assinava o *San Diego Union* para mim desde que eu tinha 11 anos para que eu me atualizasse em relação ao que estava acontecendo no mundo, e eu gostava muito mais do jornal do que de qualquer coisa ensinada na escola. Era como se estivesse na encruzilhada da matrix, ciente de como seria difícil continuar fingindo que estava jogando o jogo. Ainda não tinha encontrado minha comunidade. Eu os via na TV, mas não na vida real. Sabia que existiam, mas não estavam a meu alcance.

Ficava sentado na frente de casa olhando para a rua, sentindo a claustrofobia da cidade. Um único pensamento nítido e sufocante em minha cabeça: *Preciso ir embora deste lugar.*

No primeiro trimestre do segundo ano, eu pegava ônibus para a ir à escola, matava aula e ficava sentado no pátio fumando cigarro até dar a hora de ir para casa. E então, no fim do trimestre, meu boletim chegou cheio de notas vermelhas. Reprovei em tudo. Como eu morava em outro distrito, a escola não iria me oferecer outra vaga, o que me colocava em um dilema: a escola do bairro era muito barra-pesada — não me levaria a lugar algum. Quando se tratava de garotos negros, principalmente em uma cidade como San Diego, era esperado que não tivéssemos futuro. Nossa trajetória era limitada. A maioria dos garotos com quem cresci teve apenas duas opções: prisão ou drogas.

Quando ficou sabendo que eu teria que me matricular na escola do bairro, Renetta interveio.

— Chega — disse ela. — Você vai morar com a gente.

O que ela estava dizendo era: *Ru, sua história não pode acabar assim.* Ela queria me levar para um lugar que me proporcionaria algo melhor. Mas eu era adolescente e entendi aquela decisão como uma forma de me restringir, de limitar minha liberdade.

Deixei que mamãe decidisse, torcendo para que insistisse que eu ficasse. Ela certamente não gostaria de ver o filho saindo de casa tão cedo. Eu só tinha 15 anos, afinal. No entanto, concordou com Renetta.

— Você deveria ir — disse minha mãe.

Ela evitou meu olhar; ficou sentada, encarando o tecido preso à máquina de costura em que estava trabalhando.

Fiquei furioso.

— Eu te odeio!

Foi a única vez que disse algo parecido para minha mãe, e me arrependi no mesmo instante. Mas ela não se abalou, simplesmente ignorou o que eu disse — como se tivesse ouvido e decidido não se deixar afetar, porque sabia que não era verdade. E, dito e feito, ela me deixou ir.

Fui morar com Renetta e Gerald do outro lado da cidade, em Tierra Santa, e me matriculei em outra escola. Lá eu ia mais às aulas, mas, na maioria das vezes, só ficava de bobeira e fumava maconha. Fiz amizade com uma garota hippie chamada Belinda. Ela era branca e tinha cabelo castanho-claro, e nós matávamos aula juntos. Certo dia, estávamos andando por um beco na cidade e um de nós notou que havia restos de maconha espalhados pelo chão, evidentemente o que restara de uma apreensão. Passamos a hora seguinte recolhendo os pedacinhos e depois bolamos um baseado com o que conseguimos juntar.

— Sabia que somos todos bruxos? — perguntou ela, muito séria. Estávamos sentados no chão, fumando. — Nosso feitiço mais potente é o riso.

Aquela foi uma lição muito mais valiosa do que qualquer coisa que eu poderia ter aprendido na escola.

Gerald também foi um ótimo professor para mim, mas não por meio das palavras. Eu aprendia ao observá-lo, ao admirar o modo como a ambição o atravessava e o tornava motivado e destemido, sem querer se contentar com o pouco que a vida oferecia. Ele ingressara na Universidade da Califórnia em San Diego com uma bolsa de estudos e trabalhava como promotor de casas noturnas, além de vender carros. Ganhava uma boa grana com isso, ou ao menos era o que parecia. Pouco tempo depois de eu ter ido morar com eles, nós nos mudamos para uma casa grande em Mount Helix. Era uma propriedade bonita e espaçosa com vista para a cidade e garagem para três carros. Gerald sempre conseguia esse tipo de negócio na base da autoconfiança e da cara de pau. Eu o conhecia bem o suficiente para saber quando ele estava blefando, mas as pessoas acreditavam. Por mais que existissem muitos sistemas em vigor para sufocar as oportunidades para pessoas negras, havia também uma energia de mudança no ar. Estava na moda fazer negócios com negros, era um sinal de que você era liberal e progressista a ponto de não ter um problema com raça. Gerald se aproveitou dessa brecha e transformou sua autoconfiança em realidade. Sabia que não estava apenas vendendo carros — estava vendendo a si mesmo.

Depois que nos mudamos para a casa nova, troquei de escola novamente. Era a terceira no ano e, como o esperado, acabei reprovando. Pensar em repetir o ano inteiro me deixava muito deprimido. Renetta ainda trabalhava na Paternidade Planejada, visitando clínicas móveis e conhecendo pacientes. Ela foi atingida pela triste realidade de que havia muitos bebês que ninguém queria, então ela e Gerald decidiram adotar um garotinho chamado Scott, que chegou com 2 meses. Ajudei a cuidar de Scott por um tempo. Ele parecia precisar de atenção o tempo todo. Assim que aprendeu a andar, comecei a levá-lo para o shopping, e ele saía andando sem olhar para trás, sem dar a mínima se estava sozinho ou não. Estava sempre em busca de algo que eu temia que ele nunca fosse encontrar. Eu o via como meu bebê; era como se ele tivesse vindo do espaço sideral, assim como eu. E, igual a mim, aparentemente, ele era diferente. Veio ao mundo sozinho, sem os vínculos convencionais que amarram as pessoas à normalidade.

Naquele ano, quando a primavera chegou, meu pai e Betty levaram minha irmã Rozy e eu em uma viagem a Sequoia para vermos as árvores. Betty tinha um Ford Gran Torino verde novinho em folha que nós abarrotamos com mochilas e lanches antes de seguir viagem na direção norte pela I-5 de Cerritos. No caminho, paramos no Busch Gardens, que tinha um parque em Van Nuys, para andar de bonde e ver o espetáculo de pássaros. Detestei a experiência, como sempre detestara essas viagens quando era criança, porque sentia que estava tudo errado, que não nos encaixávamos como uma família.

Com meu pai, sempre existiu uma falsa sinceridade. Nada era verdadeiro. Eu sabia que deveríamos estar nos divertindo. Ao olhar ao redor, via as outras famílias rindo, queimadas de sol; era nítido que a alegria fazia parte do programa. Para nós, aquela não passava de uma oportunidade para que nosso pai ficasse bêbado e agisse como se eu ainda fosse uma criança, não um adolescente impaciente que já bebia e se drogava sempre que podia. Lá estávamos nós, compensando todas as viagens em família que não haviam acontecido nos anos em que ele estivera ausente. Isso era sufocante porque eu não era a pessoa que ele esperava que eu fosse, mas, para poupar o ego dele, tinha que fingir ser e entrar na onda.

Nós nunca falamos sobre a ruptura traumática de nossa família ou sobre o fato de que ele nunca pagou pensão ou agiu como um pai. Se o assunto vinha à tona, ele saía pela tangente, dizendo que minha mãe era difícil de lidar. Mas tudo era sempre muito vago e havia muitas coisas não ditas.

A caminho de Tahoe, estávamos na rodovia quando, do nada, um veado pulou no meio da estrada. O animal parou e se virou para nos encarar, os olhos refletindo os faróis do carro. Eu estava sentado no banco da frente, perto o bastante para enxergar a serenidade nos olhos dele. Meu pai pisou no freio e freamos com um tranco.

Meu coração batia forte. Ficamos todos em silêncio, recuperando o fôlego enquanto o veado fugia. Foi um milagre não termos batido. Nenhum de nós tinha previsto aquilo, muito menos meu pai.

Aquele momento, aquela onda de adrenalina, foi a única coisa entre mim e meu pai que parecia tangível o suficiente para ser sentida. Foi a única coisa na viagem toda que pareceu real.

O que quero dizer com "real"? Que há momentos que nos tiram do transe, quebram a sensação de estarmos em um sonho consciente, vivendo no mundo que criamos. Todos nascem despertos, atentos e conscientes e, à medida que envelhecemos, voltamos à dormência. Mas momentos como aquele, em que quase sofremos um acidente — a sensação de ter escapado de uma tragédia, de contornar um destino que parecia óbvio... Não há nada mais real do que isso. Coisas assim nos despertam imediatamente, fazem com que abandonemos o mundo dos sonhos e nos levam para uma realidade vivaz e difícil, porque o mundo é assim, mesmo em toda a sua magia. E então sentimos um gosto amargo na boca e sabemos que tudo é real e que somos reais também.

Essa era a diferença entre meu pai e Gerald: meu pai não sabia diferenciar o que nele era falso e o que era verdadeiro, como se usasse uma máscara impossível de ser removida. Gerald sabia que estava jogando um jogo, a consciência dele sobre isso era algo real. Era exatamente o que eu buscava: a sensação de romper a barreira, de conquistar algo mais consistente do que o teatro para o qual estávamos sendo convocados a participar. Eu odiava aqueles papéis, tão chatos e previsíveis. Eu, apenas uma bichinha. A escola, a coisa mais importante do mundo. As famílias fingindo que eram unidas apesar do comportamento deplorável de alguns familiares. Por que levávamos a vida tão a sério, afinal, quando grande parte dela era um enorme fingimento? Eu sentia que estava na mesa de cirurgia e que a anestesia não estava funcionando.

Tudo o que queria era sentir algo real, algo além de todas aquelas prioridades equivocadas que eu tinha certeza de que não importavam. A sensação que tive no carro, olhando para aquele veado depois de ter escapado de um acidente por um triz, aquilo era real.

Na adolescência, trabalhei por um tempinho, por meio período, para um vendedor de carros, um homem branco na casa dos 30 — não lembro mais seu nome. Ele possuía um pequeno avião Cessna e um dia me chamou para ir com ele até Yuma, no Arizona, onde teria uma reunião. É óbvio que aceitei. Sempre gostei de estar nas nuvens e de sentir a liberdade vertiginosa de se estar num avião.

Estávamos lá em cima, voando na direção leste até Yuma, quando ele cutucou meu joelho.

— Olhe ali — disse ele.

Havia dois jatos da Força Aérea vindo em nossa direção. E, com uma agilidade que me surpreendeu, ele mergulhou o avião no ar.

Meu coração quase saiu pela boca, não consegui respirar. Então os jatos passaram por cima de nós.

O avião se ergueu no ar outra vez.

TRÊS

Detalhes

"Eu era jovem e muito bonito, mas só imaginava como seria ter a liberdade de ir de carro para a escola e ficar transando com meu namorado no estacionamento o dia todo."

O segredo para polir um carro está *na atenção aos detalhes*. Não dá para fazer tudo de uma vez. É preciso tomar cuidado com cada cantinho do carro e se certificar de que tudo está impecável. Eu começava usando um detergente de lavar louça. Colocava água e alguns panos em um balde, molhava o carro inteiro e depois passava outro pano com água e sabão para remover a sujeira. Levantava os limpadores de para-brisa para limpar o vidro. Depois, com o dedo, limpava entre os aros dos pneus. Tudo isso demandava um pouco mais de tempo se eu quisesse que ficasse perfeito. Por fim, enxaguava tudo com a mangueira e secava o carro com um pano.

Depois de seco, eu passava a cera. Havia uma cera chamada Diamond Shield, que era ainda melhor do que a Turtle Wax, e eu a usava para cobrir todo o exterior do carro. Quando a cera secava, eu voltava com um pano e polia a lataria. Em seguida, e com mais atenção aos detalhes, analisava toda a lataria para remover qualquer resíduo de cera acumulado nos cantinhos ou nas imperfeições.

Depois seguia para outras partes do carro. Primeiro, óbvio, eu aspirava o interior. Ainda lá dentro, usava um produto chamado Windex para limpar os vidros, em seguida ia até as rodas, nas quais usava um limpa-pneus com brilho preto que também servia para os bancos, caso fossem de couro ou de vinil. As bitucas de cigarro iam para o lixo e eu higienizava os cinzeiros até ficarem brilhando. Se fosse preciso, utilizava até uma escova de dentes para ajudar no processo. Eu prestava atenção aos pequenos detalhes que passavam despercebidos em uma lavagem rápida.

Tudo isso em menos de noventa minutos. E eu até gostava, porque adorava carros.

Esse interesse começou quando eu ainda era pequeno, mas se intensificou depois que conheci Gerald, que trabalhava com isso. No começo, ele estava no ramo do entretenimento, depois abriu uma casa noturna na área central de San Diego chamada Mr. Covington's Club. Ele fez amizade com um produtor da gravadora Soul Train e fechou um acordo para trazer artistas do catálogo para se apresentar na cidade. San Diego, porém, tinha um mercado difícil, a clientela era inconsistente.

— Todo o meu esforço na Mr. Covington's, todas essas mesas, todas essas pessoas que eu trouxe... Deveria estar dando certo.

Mas não estava.

Mais do que com a casa noturna, Gerald começou a ganhar dinheiro comprando carros de luxo para revenda. Ele comprava todos os principais jornais do país e vasculhava os classificados em busca de carros de luxo sendo vendidos em regiões que os desvalorizavam. A intenção era comprá-los, levá-los para o sul da Califórnia e revendê-los lá, onde a procura por esse tipo de coisa era maior. Era muito divertido: nós ganhávamos um carro novo, nos divertíamos com ele e dois meses depois o veículo partia para outro dono.

No entanto, mesmo nesse negócio, havia um limite de quanto Gerald poderia crescer em San Diego, e, logo nos primeiros meses em que eu estava morando com ele e Renetta, um plano começou a tomar forma. A faculdade que ele fazia, até então uma prioridade, deixou de ser. Um diploma não era mais tão importante assim. O que era importante era que fôssemos para Atlanta.

Atlanta, em minha percepção, representava o *boom* da comunidade negra nos anos 1970. A cidade elegeu o primeiro prefeito negro, Maynard Jackson, em 1974, e a partir daí foi como se todas as portas se abrissem. Era fácil ganhar dinheiro em Atlanta, e era exatamente isso que as pessoas estavam fazendo — as pessoas negras, mais especificamente. Desde a Reconstrução, a cidade havia passado a ser representada pela fênix ressurgindo das cinzas e a ser vista como um lugar de reinvenção. Para nós, Atlanta era uma fonte de potencial inesgotável. E, para mim, que sempre me sentira tão sufocado em minha cidade natal, Atlanta era tudo que San Diego não era. San Diego era conservadora, enquanto Atlanta era progressista. San Diego era provinciana, enquanto Atlanta era cosmopolita. San Diego era branca, enquanto Atlanta era negra. San Diego era o passado, mas Atlanta era o futuro.

Sabia de tudo isso porque já tinha lido sobre Atlanta em revistas como *Jet* e *Ebony*, que eram os principais canais para o que estava acontecendo no mundo para pessoas negras. As pessoas também falavam disso com frequência, pintando Atlanta como um país das maravilhas onde tudo era possível. Passei muito tempo testemunhando em primeira mão a cultura fechada de San Diego, porém eu acreditava que em Atlanta as coisas seriam diferentes.

Não me lembro de ter me despedido de minha mãe. A porta que levava a minha infância já havia sido fechada quando fui morar com Gerald e Renetta, seis meses antes. Quando voltava para visitá-la, as coisas não eram as mesmas e nunca mais voltariam a ser. Por mais que eu fosse filho de minha mãe, nunca me senti como se fosse responsabilidade dela. Minha mãe tinha nutrido muito bem a autossuficiência dentro de cada um de nós para que eu não pensasse que pertencia a ela.

Então Renetta deixou Scott com minha mãe e Rozy até as coisas se assentarem para nós três, e assim Renetta, Gerald e eu fizemos as malas e partimos para Atlanta, deixando para trás o calor seco do verão de San Diego. Eu sentia que estava partindo para uma aventura, que coisas boas estavam por vir. Que estava mais perto de encontrar meu lugar no mundo.

———

O verão em Atlanta era grudento. No quarto do hotelzinho onde estávamos só se ouvia o zumbido do ar-condicionado ligado para espantar o calor. Entretanto, Gerald tinha lábia e sabia como fazer conexões, então não demorou para que nos mudássemos para a casa de uma família em Atlanta, com o pastor W. J. Stafford e a esposa, Hattie Ruth. Eles lideravam uma igreja batista em Decatur e o pastor tinha acabado de ser alvo de um escândalo relacionado à Receita Federal que o levou à prisão por fraude. O reverendo via luta livre na TV da sala de estar, o que eu achava estranho, considerando o quanto aquilo era homoerótico. Ele também havia se metido em problemas com a congregação por ter aberto uma boate, mas não parecia se incomodar com as alegações de hipocrisia. Gerald, Renetta e eu ficávamos no andar de baixo, no porão. Eu vivia pegando a van da igreja sem permissão para ir até o posto de gasolina comprar cigarro, mesmo sem ter carteira de motorista. De alguma forma, nunca me descobriram. Mas a verdade é que sempre fui sorrateiro. Ainda em San Diego, Renetta tinha um Ford Fairlane 1965, que ficava estacionado em frente à casa de nossa mãe. Sempre peguei o carro para dirigir pela cidade sem que ninguém nunca desconfiasse.

Hattie Ruth chamou um rapaz da congregação para me apresentar Atlanta. O nome dele era Andre, e ele me convidou para sair com ele e o primo.

O primo, que se chamava Donny, foi nos buscar em um Mustang 1970, que já estava cheio de garotos da igreja. Donny era agitado e expansivo, tinha pele escura e se parecia com Taye Diggs, mas era um pouco menos bonito. Assim que fechei a porta do carro, ele saiu cantando pneus, como se estivesse apostando corrida. Depois paramos em um posto de gasolina onde Donny encheu o tanque e foi embora sem pagar. Por fim, fomos parar na casa do primo de alguém. Assim que descemos, Donny baixou as calças e colocou o pau para fora. Era enorme, e ele o balançava de um lado para o outro.

— Quem quer chupar meu pau? — gritava ele. — Quem quer chupar meu pau?

Fiquei com a impressão de que ele estava fazendo aquilo para chamar minha atenção. Naquela época, eu tinha uma aparência bastante próxima a de uma garota, e talvez ele tivesse me achado exótico.

— Você é maluco, Donny — disse outro garoto.

Donny riu. Percebi que ele era o líder do que quer que fosse aquele grupo de garotos da igreja.

Depois de Donny balançar o pau por um ou dois minutos, voltamos para o carro.

— Hoje alguém vai chupar meu pau — disse ele, determinado.

Ele nos levou até um condomínio próximo ao shopping Greenbriar Mall, onde estacionamos cantando pneu mais uma vez. Eu e os outros garotos o seguimos pela escada até um apartamento no segundo andar. Quase caí para trás quando a porta se abriu.

Lá dentro havia várias mulheres trans. Esse termo não existia na época, então elas provavelmente teriam se referido a si mesmas como drag queens, mas não estavam se apresentando. Na verdade, estavam vivendo em drag, montadas. Todas usavam roupas femininas de verão e maquiagem carregada por cima de pelos encravados. Três delas tinham a pele retinta e uma, a pele mais clara. Seu nome era Simone, e mais tarde nós voltaríamos a nos encontrar na cena drag. Todas elas estavam na casa dos 20 anos, e na minha cabeça eram muito mais velhas que eu.

— Quem vai chupar meu pau? — questionou Donny.

Eles então iniciaram o que parecia ser um roteiro já conhecido: os rapazes e as garotas formaram casais e foram para outros cômodos, onde, presumivelmente, os paus eram chupados.

Fiquei sentado na sala de estar, atônito. Uma queen mais velha ficou comigo na sala e conversamos amenidades por um tempo enquanto os rapazes satisfaziam suas necessidades. Ela deve ter percebido que eu era ingênuo nesse aspecto. Depois de um tempo, todos reapareceram na sala e mais uma vez seguimos Donny até o Mustang para ir embora.

Quando ele finalmente me deixou de volta na casa do reverendo, eu não conseguia acreditar no que tinha acabado de vivenciar. Isso era uma singularidade dos filhos de pregadores do sul. Aquela foi minha introdução a um certo tipo de moralidade negra sulista, bem como à dicotomia inerente. Todas as pessoas negras extremamente religiosas que conheci pela região tinham vidas duplas, principalmente as de Atlanta. Por mais devotas que parecessem, sempre havia um segundo "eu" velado. E quanto mais feroz era a devoção, mais subversivo era o "eu" reprimido.

Há preceitos ideológicos pelos quais as pessoas estão dispostas a matar e morrer, mas essas coisas nunca são de fato o que parecem ser. Por mais que as pessoas declarem ter uma linha moral muito bem definida, essa linha pode se tornar muito tênue a depender de suas necessidades em determinados momentos — como políticos conservadores que se opõem ao aborto, a menos que seja para suas amantes. Donny botou o pau para fora por minha causa, porque eu era recém-chegado da Califórnia, carne fresca na cidade. Percebi que ele estava tentando me impressionar e me chocar com sua ousadia, o que conseguiu. Os garotos da igreja pareciam ser um modelo da moralidade batista. Como era interessante, então, que estar diante de "homens vestidos de mulher", o que se acreditava na época, não os fizesse recuar em horror moralista. Em vez disso, para eles, aquelas mulheres eram sensuais, diferentes, objetos de desejo para fins de prazer. Eu ainda não sabia o que isso tudo queria dizer, mas sabia que era importante me lembrar disso.

A filosofia de Gerald quando o assunto era carros era muito simples: comprar por pouco, vender por muito. Fazer melhorias estéticas, não consertos mecânicos. Ele era o intermediário que conseguia entregar carros em perfeitas condições: Rolls-Royces, Cadillacs, Jaguares, Corvettes e, acima de tudo, Mercedes. Alguns meses depois de nos mudarmos para Atlanta, em meu aniversário de 16 anos, tirei minha carteira de motorista no DMV em um Porsche Targa de câmbio manual.

A habilitação passou a ser meu bem mais precioso. Simbolizava liberdade, idade adulta e a possibilidade de ir aos lugares que sempre havia desejado, sozinho e sem a permissão de ninguém. Não importava que eu dirigisse desde os 11 anos e que tivesse sido péssimo fazer o teste de motorista com um câmbio manual, pois isso entregara que eu já sabia dirigir. Passei com facilidade.

Gerald entrou em contato com uma corretora de imóveis chamada Royale, uma senhora branca que nos conduziu por toda Buckhead para ver casas. Deve ter adorado a forma articulada como ele se expressava, sem falar na Mercedes que ele dirigia.

— Há uma escola de artes cênicas excelente aqui perto — comentou ela. — Na verdade, estudei lá. É a Northside School.

— Ru quer ser artista — contou Gerald.

— Sim, é verdade — concordei.

Eu escrevia músicas desde os 9 anos e fazia aulas de teatro em minha escola em San Diego, embora ficar chapado fosse minha principal atividade extracurricular.

Naquele momento, decidi estudar em Northside. A casa que Gerald encontrou não ficava em Buckhead, e sim em Greentree Trail, a cerca de 35 quilômetros de Northside, mas, se era lá que nasciam as estrelas, era para lá que eu iria.

O chefe do departamento de artes cênicas da Northside era Billy G. Densmore, uma bicha velha sulista que lembrava Nathan Lane. Ele era sarcástico e presunçoso, mas muitos alunos o adoravam. Fiquei surpreso por ele não ter ficado impressionado com meu talento quando entrei para o coral logo em meus primeiros meses na Northside, mas eu era mais irreverente e ele, mais tradicionalista. No trimestre seguinte, em janeiro, comecei a ter aulas com um professor de teatro chamado Bill Panell, que também tinha se formado em Northside. Ele me contou que havia ido para Los Angeles dez anos antes com o objetivo de ser ator, mas que não dera certo. Então lá estava ele, de volta a Atlanta, dando aulas de teatro em sua *alma mater*. Ele se desentendeu com Densmore e lecionou lá por apenas um ano, mas o impacto que teve em mim foi inestimável.

Bill queria fazer uma peça de Tennessee Williams chamada *Camino Real*. Eu conhecia Williams de filmes como *Gato em teto de zinco quente* e *De repente, no último verão*. Também já tinha visto algumas entrevistas dele com Dick Cavett, que recebia todos os intelectuais da época em seu programa no canal PBS. A peça foi uma zona, mas ainda assim era Tennessee Williams, um sonho gótico e surrealista.

— Essa não é a melhor obra de Tennessee Williams — dizia Bill, sem rodeios. — O texto é extremamente falho, mas é uma ótima peça para colocarmos a mão na massa.

Interpretei uma drag queen chamada Queenie.

Estar montado não me preocupou muito. O que estava me deixando ansioso era memorizar minhas falas e o fato de que eu estaria no palco, diante da plateia. Estar vestido com roupas femininas era só um detalhe. Era como se fosse mais uma das apresentações que eu fazia para minha mãe na sala: estava fantasiado, desempenhando um papel. Para mim, aquilo não tinha nenhuma dimensão política ou sociológica, mas para Densmore a insistência de Bill Panell em apresentar uma peça tão polêmica foi a gota d'água.

Nas aulas de teatro, fiz amizade com uma garota chamada Lynn Crank, com quem eu ensaiava cenas da peça *Hello Out There!*, de William Saroyan. Ficamos próximos e, por intermédio dela, me tornei amigo de seus irmãos, Charlie e Paul Crank. Eles moravam em um apartamento em Buckhead não muito longe da escola, e depois da aula de teatro íamos para a casa deles ficar chapados e ouvir Beatles e Fleetwood Mac.

Às vezes eu dormia por lá mesmo, no condomínio Cross Creek, em vez de voltar para casa. A matriarca da família Crank, Metta Crank, se divorciara do pai deles, dr. Paul Crank, alguns anos antes. Depois ele se casara com Barbara, enfermeira dele, coisa que Metta nunca engoliu. Era um cenário clássico de *Alice não mora mais aqui*: uma mulher dos anos 1970 que tinha sido criada para ser dona de casa e acabou sozinha com os filhos, emocionalmente arrasada com o fim do casamento e sem outro propósito ou outras habilidades. Na minha memória, ela se parece com Ellen Burstyn e está sempre tomando grandes taças de vinho Blue Nun. O apartamento estava sempre uma bagunça e tinha cheiro do xixi dos gatos, que viviam miando e escalando móveis por todos os lados. Eu e os irmãos Crank ficávamos chapados e, quando já estávamos para lá de Bagdá, tentávamos consolar Metta. Depois limpávamos os cinzeiros e levávamos as garrafas de vinho vazias para a lixeira na calçada. Eu nunca tinha visto uma pessoa bêbada daquele jeito, no nível de Judy Garland, beirando a crueldade.

Metta estava sempre enfurecida porque Paul demorava para mandar dinheiro ou estava chafurdando em mágoa por tê-lo perdido para Barbara, aquela vagabunda. Que canalha ele era!

Em pouco tempo, ela se tornou uma segunda mãe para mim, alguém que recriava a tensão da casa de minha mãe de forma tão idêntica que era quase um afago na alma. E ela sabia que podia contar comigo para ajudá-la, fosse para buscar uma garrafa de vinho ou comprar um pacote de Merits.

Todos os irmãos Crank eram problemáticos, o que eu achava o máximo. Lynn havia acabado de sair da prisão, onde foi parar depois de ter feito alguma coisa ilegal em Milledgeville — ela não compareceu ao próprio julgamento ou fez algo idiota acompanhada do namorado, que era mais velho e morava em Detroit. Seja lá o que tivesse acontecido, ela teve problemas. Paul estava no mesmo ano escolar que eu, e Charlie era um ano mais novo. Charlie era o mais bonito dos irmãos; tinha olhos penetrantes, um cabelo bagunçado e maxilar marcado. Além disso, havia algo de atraente na mágoa que ele nitidamente carregava, algo que para mim parecia muito trágico. Era evidente que, como a mãe, os irmãos tinham ficado traumatizados com o divórcio, o que talvez explicasse o fato de eu me sentir tão à vontade ali: eles exibiam abertamente os sinais de trauma que eu jamais me permiti manifestar. Era possível enxergar suas feridas de uma forma que minha mãe nos ensinou a esconder.

Também me aproximei de um garoto da escola, Charlie Meyers, que morava nas redondezas e cujo pai pregava na igreja, então naturalmente ele era o típico rapaz rebelde. Charlie pensava que era James Dean e até se parecia um pouco com ele: camiseta branca, calça jeans e um cigarro entre os lábios. Parecia ser uma alma tão incompreendida e infeliz que é óbvio que me apaixonei por ele.

Todos nós andávamos juntos — Charlie Meyers, os irmãos Crank e alguns dos outros alunos problemáticos da aula de teatro. Nós fumávamos maconha ouvindo música e tocando Steely Dan depois da escola. Teve uma vez que Charlie foi com o Beetle da Volkswagen dele até onde eu morava, em Greentree Trail; ele ia passar a noite lá. Enchemos a cara e depois começamos a brincar com um saco de farinha de trigo, jogando o pó por todo o quintal, como se fosse neve. De manhã o carro dele não queria ligar e descobrimos que havia farinha no motor.

Eu estava perdidamente apaixonado por Charlie, mas ele gostava de uma garota loira e sem graça chamada Melanie. Um dia, vi o carro dele estacionado na rua em frente à escola. Fui até lá para dizer oi, mas quando me aproximei vi que os vidros estavam embaçados. Ele estava lá dentro dando uns amassos em Melanie.

Fiquei arrasado. Não só porque jamais ficaríamos juntos, mas porque eu sabia que nunca viveria aquele tipo de experiência de ensino médio por várias razões que tinham a ver com quem eu era e com coisas sobre mim que não conseguiria mudar nem se tentasse.

Lá no fundo, eu sabia que toda aquela narrativa de romance adolescente era uma grande baboseira baseada em fantasias. Apesar de tudo, ser privado disso era devastador, porque eu ansiava pela experiência mesmo assim. Eu era jovem e muito bonito, mas só imaginava como seria ter a liberdade de ir de carro para a escola e ficar transando com meu namorado no estacionamento o dia todo. Era exatamente o que um adolescente deveria fazer.

Por mais que eu quisesse estar com garotos como aquele, ao mesmo tempo eu me resignava a uma vida em que esse tipo de clichê jamais aconteceria. Em vez disso, minha vida seria mágica, única, completamente diferente. Charlie continuaria levando garotas para transar no banco de trás do carro, mas eu tinha sorte, sabia disso. Jamais estaria no banco de trás; isso era fácil demais. Eu fora escolhido a dedo, como se o universo tivesse apontado para mim e dito: *Ei, você aí!* Só precisava ser paciente e esperar que o cosmo mandasse meu bar mitzvá.

Minhas notas continuaram péssimas, é óbvio, e Gerald começou a falar em me tirar da escola. Um dia, durante a aula de teatro, eu estava choramingando para Bill sobre o assunto, quando ele me olhou de soslaio e disse:

— RuPaul, não leve a vida tão a sério.

Parei de frequentar a escola pouco tempo depois, mas nunca esqueci o que ele havia dito. Estava alinhado à epifania que tive na primeira vez que fiquei chapado: que tudo é uma piada, uma ilusão, um grande show. Ao longo dos anos, as palavras do sr. Panell se transformariam em um mantra — um talismã que eu carregaria para sempre.

Quando se é uma pessoa atenta aos detalhes, não é difícil perceber coisas que passam despercebidas para os outros. Carros, por exemplo, são cheios de detalhes. A maioria de nós olha para a forma geral da coisa, à procura de sinais óbvios de dano. Gerald me ensinou, no entanto, a prestar atenção nos cantinhos da carroceria para saber se o carro já tinha sofrido uma batida. Eu me tornei um especialista em detalhes que dizem tudo sobre algo ou alguém, dos pequenos defeitos que, se analisados, podem revelar coisas ocultas das quais ninguém suspeita.

Gerald ficou amigo de uma mulher chamada Lenore Adams, que era ligada à sociedade negra de Atlanta e estava ascendendo socialmente. Certos dias, depois da escola, eu ficava no escritório que ela dividia com o marido, um advogado bem-sucedido, esperando Gerald me buscar para ir para casa. Não tinha assunto com Lenore, que era religiosa e meio hipócrita, como muitas mulheres de Atlanta, mas um dia, quando eu estava esperando por Gerald, ela falou comigo.

— Está vendo aqueles dois rapazes? — perguntou ela, tentando chamar minha atenção.

Olhei para cima e vi dois homens entrando no escritório. Estavam vestidos em um estilo que mais tarde eu associaria a Tom of Finland: calça Levi's, camiseta preta e colete de couro preto. Os dois tinham bigodes eriçados e olhos gentis. Ela voltou a falar, dessa vez em tom conspiratório:

— Eles foram presos em uma operação da polícia numa livraria chamada Underground. — Ela se aproximou ainda mais. — Estavam chupando o pau um do outro!

— O que eles vieram fazer aqui? — perguntei.

— Meu marido é advogado deles.

Aqueles homens pertenciam a um mundo subversivo, um mundo que eu associava a sexo, pornografia e transgressão. Naquele momento, descobri que havia um lugar em Atlanta que era o ponto de encontro das pessoas desse mundo. Levei quase um ano para ter coragem de ir até lá. Até que peguei emprestado o carro de Gerald, um Mercury Montego bege de capota marrom, carro de trabalho que ele recebera da American Express, e fui até o centro da cidade, na esquina da Cypress com a Fifth Street. Fiquei dando voltas no quarteirão até ver um homem que parecia estar indo para o mesmo lugar. Ele era negro, tinha cabelo afro e era muito atraente. Chutei que ele tivesse cerca de 21 anos. Por fim, depois de mais algumas voltas, estacionei e fui até a Underground. Assim que abri a porta, olhei para trás e vi o mesmo rapaz atravessando a rua às pressas para entrar comigo.

O lugar era chamado Underground porque realmente parecia ter sido construído no subsolo ou dentro de uma montanha. Ao entrar, percebi que o odor fazia jus ao nome também. Senti cheiro de mofo, drogas e couro. Havia luzes compridas e embutidas verticalmente ao longo de toda a parede do corredor. Paguei 25 centavos para passar pela catraca e não pediram nenhum documento. Eu estava nervoso. Quando virei em outro corredor, vi várias portas e diversos homens. Havia um homem de bigode em cada porta — homens brancos com bigodes fartos como o dos integrantes do Village People.

Comecei a entrar em pânico, mas não queria passar vergonha. *Está tudo bem*, dizia a mim mesmo. Mas não queria que ninguém tocasse em mim. Não queria sequer que me olhassem. *É só para fins de pesquisa. Isso não passa de um experimento antropológico.*

Ao passar pelo corredor dos Village People, vi uma porta aberta. Parei diante dela e, quando o fiz, o homem que eu tinha visto na rua fez um sinal para que eu entrasse no cômodo junto com ele. Lá dentro havia um projetor que emitia um leve zumbido. Fiquei olhando para o aparelho, porque não sabia o que fazer.

— É só colocar umas moedas — explicou o homem, paciente.

Ele colocou duas moedas de 25 centavos na máquina, primeiro uma, depois outra, talvez percebendo o quanto eu estava nervoso, embora fingisse que não. Então se aproximou e tocou meu cotovelo.

Nesse momento, dei um pulo e saí da sala o mais rápido possível, passando pelos corredores e pela catraca até estar do lado de fora, em segurança.

Por mais que estivesse curioso, aquele lugar era o epítome de tudo que eu aprendera a temer no mundo. Esse mundo alternativo e adulto movido a sexo, tabu, prazer e transgressão coexistia com o mundo moralista que víamos por aí. Me dar conta daquela dualidade foi mais do que eu conseguia suportar naquele momento. Eu me senti preso entre duas dimensões. Eu não me encaixava no grupo de garotos da igreja com suas libertinagens secretas, não me encaixava na realidade de Charlie e de seu carro, e naquele momento descobri que mesmo ali, naquele ambiente plenamente sexual, também não conseguia me encaixar. Se eu não me encaixava em nada disso, qual era meu lugar no mundo?

Eu havia aprendido com meus pais que a intimidade era perigosa. Que entregar-se a um homem era arriscado e só podia acabar em tragédia.

Não repetiria os erros de minha mãe. Seria mais esperto e não me deixaria levar pelo desejo idiota e primitivo de estar nos braços de um garoto no banco de trás de um carro.

Corri até o carro, abri a porta e a fechei com força. Fiquei sentado em silêncio por alguns minutos. Havia um cheiro de produtos de limpeza no ar. Respirei fundo. O couro macio, o painel brilhante...

Aquele carro estava um brinco.

QUATRO

Força

"Por mais que busquemos força por toda parte, ela já está em nós; é impossível não ser suficiente se você reconhece que a força está dentro de você. Que a força está na própria vida."

Em meu primeiro inverno em Atlanta, Renetta voltou para San Diego para dar à luz sua filha, Morgan, e buscar Scott, que tinha ficado com nossa mãe. Assim, Gerald e eu permanecemos sozinhos em Atlanta por um tempo. Renetta nunca tentou bancar a mãe comigo, mas era responsável de jeitos que Gerald não era. Quando ela viajou, nós ficamos livres para transformar o lugar em uma casa de homens solteiros. Não foi lá muito difícil. Gerald tinha comprado a casa por uma pechincha, porque ainda não estava terminada nem dentro das normas, certamente. O aquecimento da casa não era dos melhores, mas tínhamos uma biblioteca enorme no andar de baixo, onde havia uma lareira. Quando esfriava, dormíamos lá com a lareira acesa para nos aquecer. Certa noite, ao chegar em casa, havia algumas pessoas, todas amigas de Gerald, reunidas na biblioteca em torno de um cachimbo de vidro, não do tipo usado para fumar maconha, mas um cachimbo de vidro comprido que terminava em uma esfera.

— Ru, vem participar — convidou Gerald.

Eu me juntei ao grupo e ficamos jogando conversa fora e fumando cocaína diluída. Não havia nenhum tipo de medo ou sinais de alerta por aí, a epidemia de crack estava a anos de distância e a contracultura dos anos 1960 ainda estava em alta. Usar drogas representava esclarecimento social, um rito de passagem que levava à próxima fronteira da experiência humana. Não era um sinal de que se era autodestrutivo; pelo contrário, mostrava que você era progressista. Mas aquela situação foi diferente. O ritual de picar a cocaína e esquentá-la com um isqueiro tinha uma energia negativa e carregada, enquanto fumar maconha era sempre divertido, leve e engraçado. Minha brisa começou a passar e fiquei impaciente enquanto a pessoa que estava ao meu lado se demorava com o cachimbo. Senti uma pontada repentina de urgência. *Por que diabo ela está enrolando tanto? Está fazendo de propósito?* Minha inquietação foi assustadora, e percebi depressa que tinha algo de muito errado naquilo. Decidi, então, que fumar cocaína não era para mim.

Gerald, porém, parecia gostar. Ele sempre havia gostado desse tipo de coisa, mas aquilo pareceu um pouco perigoso.

Certo dia, dessa vez no fim do inverno, Gerald e eu fomos de carro até Forest Park, ao sul de Atlanta, seguindo caminho até as mansões suburbanas se transformarem em campos abertos. Estava chovendo e o céu de fim de tarde era como o de um filme de terror, sombrio e cinza. Diminuímos a velocidade quando chegamos a um descampado, sem nem uma árvore sequer. Dois homens brancos estavam lá e caminharam em direção ao carro.

Eram dois caipiras e, à medida que se aproximavam, percebi que traziam armas a tiracolo. Quando saímos do carro para cumprimentá-los, eles abriram sorrisos largos e calorosos, e um deles entregou um tijolo de maconha a Gerald.

Depois que Gerald pagou pela encomenda, o homem que trazia uma Uzi disparou alguns tiros para o nada. As balas saíram como uma torrente. O gesto pareceu fácil e despreocupado, como se ele estivesse só relaxando.

— É semiautomática — contou ele.

Em seguida, olhou para mim. Eu devia estar encarando a arma com uma mistura de apreensão e curiosidade.

— Quer tentar?

Fiz que sim com a cabeça.

— Mas cuidado — alertou ele. — Você vai sentir um tranco.

Ele me mostrou como segurar a coronha da arma para que eu não me desequilibrasse.

Senti o peso do metal nas mãos, frio e potente, ajustei a postura e disparei uma série de balas pelo descampado. Foi a melhor sensação do mundo, e pareceu muito fácil. O cheiro de pólvora pairava no ar e naquele dia chuvoso as balas eram como uma névoa pulverizando o solo.

— Foi demais — falei.

Como fui criado pela televisão e pelo cinema, eu sabia que todo herói e todo vilão tinham uma arma. Ao segurá-la nas mãos, próxima ao corpo, e puxar o gatilho, senti, de modo visceral, a força daquela arma e o dano que ela poderia causar. Eu me senti onipotente de uma forma que nunca sentira antes. Já havia imaginado como seria, porém a realidade superou todas as expectativas.

A sensação era inebriante, mas também assustadora e perigosa. Por quê? Porque o poder e a força eram temporários e ilusórios, só duraram enquanto eu segurava a arma nas mãos e desapareceram assim que a devolvi.

A grande mentira da vida é que não somos suficientes, que precisamos de algo mais, de um emprego, de um parceiro, de fama, do efeito de uma dose de cocaína ou do peso metálico e frio de uma arma para nos dar força. Nós nos enganamos com o prazer fácil ou descargas de adrenalina, mas a força verdadeira não tem a ver com euforia, e sim com estabilidade e segurança.

Por mais que busquemos força por toda parte, ela já está em nós; é impossível não ser suficiente se você reconhece que a força está dentro de você. Que a força está na própria vida.

Mas encontrar isso em si mesmo, essa, sim, é a parte difícil.

Depois que tirei a carteira de motorista, Gerald me colocou para trabalhar. Ele reunia jornais do país inteiro à procura de anúncios de carros de luxo que sabia que poderia reformar para então vender — em Kansas City, D.C., Chicago. Em seguida, comprava uma passagem só de ida para mim, o que eu achava ótimo, já que tinha tempo livre de sobra desde que abandonara a escola. Minha tarefa era dar uma olhada nos carros a fim de ver se estavam em boas condições, se as peças eram originais, se o hodômetro não havia sido adulterado para dar a ideia de que o carro tinha menos quilômetros rodados e se não havia rachaduras no para-brisa que desvalorizariam o automóvel. Caso estivesse tudo certo, eu pagava o vendedor com um cheque administrativo, pegava o documento do carro e ia embora.

Eu voltava para Atlanta com os veículos, e Gerald os reformava e polia até ficarem perfeitos. Depois, vendia os carros na região. Sua missão, como dizia, era colocar os Falcons, Deacons e Braves em carros importados. Depois isso se espalhava para pilotos de avião, pastores de megaigrejas e executivos. Gerald fez com que carros importados virassem moda na Georgia.

Às vezes, ele vendia os carros para compradores em San Diego e eu ficava encarregado de levá-los até lá. Depois de me mudar para Atlanta, cruzei os Estados Unidos de carro umas cinquenta vezes e sempre ficava em San Diego por alguns dias. Às vezes eu voltava para Atlanta de avião, mas, na maioria dos casos, esperava até que aparecesse um carro lá e depois retornava para o outro lado do país dirigindo.

Como eu adorava dirigir! Estávamos em meados dos anos 1960, e os rádios PX tinham se popularizado. Todo mundo estava se apaixonando por eles, embora sempre tivessem existido. Uma música sobre rádios PX, *Convoy*, de C. W. McCall, virou a música número 1 do país. E assim surgiu um romantismo renovado por viagens de carro. Dirigir pelo país fazia com que você se sentisse parte de algo muito bonito, de uma tradição estadunidense.

Naquela época, havia um código de conduta na rodovia: aqueles que estavam dirigindo devagar ficavam na faixa lenta. Usávamos a pista rápida com moderação, apenas para poder ultrapassar, e depois voltávamos para a pista lenta. Para mim, aquele era o sistema perfeito, exemplos de papéis muito bem designados, como o antílope e o guepardo, a pessoa segurando a arma e a outra, atrás do cano.

Tais estruturas de poder não me pareciam opressivas; pelo contrário, eram princípios de ordem. Uma cultura de civilidade era a base da experiência de se estar na estrada. Deixar alguém ultrapassar você e trocar um olhar amigável fazia com que você sentisse orgulho de ser estadunidense, de participar de um sistema que era regido pelo respeito mútuo.

Os estadunidenses sempre foram desbravadores, pessoas abertas a novas aventuras, e vivi isso enquanto dirigia sozinho pelo país. O trajeto de San Diego a Dallas era deserto, mas não de um jeito monótono. No Novo México e no Arizona havia montanhas majestosas, penhascos e paisagens magníficas. Depois, mais ao leste, a paisagem era tomada por florestas verdes e vegetação rasteira.

Eu parava em estacionamentos para caminhões ou em postos de gasolina, às vezes recebia multas por excesso de velocidade de policiais rodoviários, comia um hambúrguer e olhava para o céu. A maioria dos carros tinha teto solar, que eu deixava aberto a noite toda. Estar no meio do deserto, sem outros carros ou pessoas ao redor, olhando para as estrelas era um tipo raro de magia para mim. E lá estava eu, seguindo minha jornada por uma estrada escura, sabendo que encontraria o caminho de casa.

Como eu passara a ter familiares tanto em San Diego quanto em Atlanta, vivia entre as duas cidades. Na casa de minha mãe, as coisas eram mais ou menos as mesmas, embora também estivessem sutilmente diferentes. Minha mãe voltara a se sentir confiante depois de anos hibernando por conta do divórcio. Ela tinha arranjado um emprego e se tornado mais confiável. Até mesmo aprendera a dirigir, aos 52 anos, e comprara o carro próprio, um Volvo. Aliás, tenho esse Volvo até hoje. Durante minha infância, mamãe dependera muito de mim e de Rozy para fazer coisas básicas em casa, mas, comigo fora e com Rozy prestes a se formar, se tornara autossuficiente.

Em uma família em que todos são traumatizados, existe um tipo de solidariedade incômoda no trauma, como um olhar silencioso de compreensão trocado entre passageiros que sobreviveram a um acidente de avião. No entanto, com o passar do tempo, cuidamos de nossas feridas e iniciamos nosso processo de cura. E, com a cura, as pessoas se tornam mais resilientes. Assim foi com minha mãe, que passou a precisar menos dos filhos para coisas básicas à medida que seu ódio por meu pai diminuiu.

Da mesma forma, ficou mais fácil para ela me apoiar em pequenas coisas. Eu gostava de punk rock, de disco e de dançar. Em um breve período em San Diego, decidi que queria montar uma banda e coloquei um anúncio num jornal independente. Dois rapazes brancos de El Cajon responderam ao anúncio e fizeram o teste. Ensaiamos algumas vezes até que decidi que deveríamos fazer um cover da música "Because the Night", do álbum *Easter*, de Patti Smith. Não tinha um centavo, então implorei para que minha mãe comprasse o disco.

— Eu lá tenho esse dinheiro? — retrucou ela. — Até parece que vou comprar essas coisas.

— Mas, mãe, eu preciso muito disso... — insisti. — É pelo meu futuro. Se eu quiser me tornar uma estrela, preciso ter uma banda. Sei que essa música vai ficar perfeita na minha voz.

No fim das contas, acho que a venci pelo cansaço; ela me deu os 7 dólares que eu queria. Foi um sinal de que acreditava em mim.

Pouco tempo depois, ela me deu uma corrente de ouro com elos retangulares que tenho até hoje.

— Guarde bem isso — disse ela. Então acrescentou em tom sério: — Se um dia você se meter em confusão, pode penhorar para arranjar dinheiro.

Para mim, esses pequenos gestos demonstravam que ela não estava mais tão distraída com a própria dor. Parecia mais compreensiva consigo mesma, o que fazia com que estivesse mais compreensiva em relação ao mundo também.

Rozy e eu, por termos idades próximas, sempre passamos muito tempo juntos, mas também éramos diferentes em alguns aspectos cruciais. Quando eu tinha 9 anos, me lembro de ter perguntado a ela, quase em tom de acusação:

— Você não quer ser uma estrela do pop?

— Não — respondera ela, como quem diz "Por que alguém iria querer isso?".

Eu não conseguia imaginar alguém que não quisesse ser uma estrela. Perucas volumosas, jatos particulares, hordas de fãs obcecados por você... O que poderia ser melhor que isso?

Já mais velhos, tínhamos os mesmos amigos em San Diego: Lamar e Jimmy Kendall. Os mesmos irmãos de quem eu tinha sido amigo anos antes. E, mesmo tanto tempo depois, eu ainda era perdidamente apaixonado por Lamar. Como a sua mãe ficava fora o dia todo, fumávamos maconha na casa deles, nadávamos na piscina e ouvíamos discos. Eles tinham o álbum *Stars*, de Sylvester, cuja faixa-título durava oito minutos e era perfeita, um eletrofunk de arrepiar. Eu teria passado dias ouvindo se pudesse.

Comecei a me interessar por fotografia depois de herdar a antiga câmera de Renetta, uma Nikon, e fazer um curso na escola vocacional South Fulton em meu primeiro semestre em Atlanta. Tive uma quedinha pelo professor, um cara branco que se chamava sr. Barnes e tinha cabelo castanho cacheado e um jeito doce de falar e se portar. Ele me ensinou sobre iluminação e composição e a enquadrar uma foto.

Passei a tirar fotos de Lamar, que adorava servir de modelo. Eu também adorava fotografá-lo. O processo era íntimo e resultava em certa tensão sexual. Sua pele era escura e brilhante, ele era alto, tinha porte atlético, nariz reto e lábios fartos. Lamar ainda cultivava o mesmo jeito amável de quando era mais novo e pelo qual eu tinha me apaixonado no dia em que ele passou em minha casa para que fôssemos juntos até a escola, aquela doçura não evaporara — como acontece às vezes quando garotos crescem. Ele era muito gentil e tinha senso de justiça, não tentava expressar a própria masculinidade agindo como um machão.

Sempre disfarcei bem com Lamar. Ser gay, especialmente entre pessoas negras, significava estar sempre guardando segredos, sempre fingindo. Tentar não alimentar a serpente do desejo dentro de mim, ainda que isso partisse meu coração, era um exercício de estoicismo.

Não lembro quando descobri que Lamar e Rozy estavam namorando. Acho que bloqueei da memória o momento dessa descoberta. O destino foi cruel comigo: a pessoa por quem eu me apaixonei aos 12 anos, que eu nunca poderia ter, mas que nunca havia superado, começou a namorar minha irmã. A única vantagem era que, por causa disso, estávamos sempre juntos.

A verdade era que reprimir um sentimento profundo era algo que já conhecia. Em minha dinâmica familiar, sempre tive que exercitar meu lado político e ser diplomático com minha mãe quando ela perguntava sobre meu pai e vice-versa. Isso me ensinou a esconder minhas emoções sem nunca deixar transparecer o que realmente sentia.

Minha mãe gostava de Lamar — e olha que ela não gostava de quase ninguém. Considerava-o muito honesto. No entanto, houve uma noite em que dormi na casa dos Kendall e acordei com a boca queimando: Lamar tinha colocado molho de pimenta em minha língua enquanto eu dormia. Meus olhos lacrimejavam enquanto eu corria para lavar a boca na pia. Aquilo me surpreendeu. Ele sempre tinha sido tão gentil. Jamais esqueci esse momento, a primeira vez que estive em contato com a crueldade de Lamar, quando ele permitiu que eu fosse o alvo de uma brincadeira como aquela.

Em meio às viagens que fazia pelo país, comecei a passar cada vez mais tempo em San Diego. Em uma dessas vezes, me inscrevi para trabalhar como voluntário em uma rádio universitária, catalogando álbuns que o DJ tocava. Certo dia, um cara apareceu por lá. Ele tinha uma beleza mediterrânea, pele bronzeada e cabelos pretos cacheados, e usava um short curto que mostrava a polpa da bunda. As pernas eram musculosas e peludas. O rapaz flertou comigo e, mais uma vez, congelei. Repeli o desejo dele por ainda ser reprimido demais para tomar qualquer atitude.

Outras vezes, à noite, eu ia de carro até lugares que sabia serem frequentados por gays, mas não saía do carro nem chegava a entrar nos locais de sexo. Meu contato com o sexo na Underground, em Atlanta, tinha sido mais do que suficiente. Eu enfrentava um dilema: ansiava por intimidade, mas ao mesmo tempo morria de medo de consegui-la. Mesmo assim, sabia que precisava de alguém que me ajudasse a decifrar quem e o que eu era, algo que ninguém em meu mundinho poderia me oferecer.

Então fui ao centro de acolhimento gay em Golden Hill, que ficava numa casa vitoriana com chão que rangia e cheiro de mofo — uma mistura de madeira seca e papel velho, como se tudo tivesse sido coberto com jornal. A cada passo que eu dava, a casa inteira gemia. Disse à recepcionista que queria conversar com um orientador, e ela me encaminhou para um homem chamado Andrew.

De cabelos compridos e traços elegantes, Andrew era do tipo que parecia inteligente. Ele tinha 36 anos na época, segundo me disse, e havia se afirmado gay seis anos antes. Ele me perguntou como eu me sentia em relação a ser gay e eu respondi que me sentia alienado do mundo. Eu não conhecia muitos gays, se é que conhecia algum, e sentia que precisava de uma comunidade. Depois descobriria que eu não tinha tanto em comum com outros gays quanto imaginava; o único interesse que compartilhávamos era nosso gosto por paus. Minha turma era a das pessoas boêmias, algumas das quais eram gays e outras não. A questão era que tínhamos um alinhamento ideológico que superava a sexualidade, mas eu não sabia de nada disso na época.

Andrew me tranquilizou. Ele parecia muito sensato e verdadeiro, e imediatamente me senti seguro. Tivemos encontros semanais em que eu falava sobre minha família, meus amigos e a forma como me sentia. Em uma das sessões, enquanto nos despedíamos, ele perguntou se podia me beijar. Um beijo de verdade. A pergunta me pegou de surpresa, mas, como sempre, continuei impassível.

— Aham — respondi.

O rosto dele se aproximou do meu. Ele estava de barba feita e cheirava a desodorante Old Spice. Naquele momento, percebi que ele era alto, quase tanto quanto eu, e, quando ele tocou os lábios nos meus, o beijo foi intenso e fez minhas pernas bambearem. Que curioso — de repente lembrei que já tinha beijado uma garota antes. O nome dela era Tina, e ela morava em meu bairro. Nós nos beijamos na frente da garagem da casa de minha mãe na Hal Street. Eu estava sentado em uma cadeira e ela, em meu colo. As crianças do bairro nos rodeavam para assistir ao beijo; não porque havia qualquer intimidade ou luxúria, mas porque era o que se fazia naquela idade. Beijar Andrew, porém, foi um marco para mim. Finalmente havia passado de fase. Tinha beijado um homem. E, pela forma que meu corpo reagira ao beijo, soube que aquilo era o que eu sempre havia desejado.

Pouco tempo depois, Andrew e eu começamos a conversar sobre sexo.

— Temos que esperar você fazer 18 anos — dizia ele.

Para mim, isso parecia irrelevante, mas era nitidamente importante para ele. Depois de meu aniversário de 18 anos, fui encontrá-lo em seu apartamento, que ficava perto do centro. Ele foi gentil e cuidadoso, mas aquilo pareceu mais um ritual do que a consumação do desejo. Eu me lembro de pensar: *Então é só isso?* Eu não estava conectado o bastante com meu corpo para que sentisse qualquer coisa além da sensação física. Saímos mais algumas vezes depois disso.

Na última vez que transamos no apartamento dele, Andrew tinha combinado de sair com alguns amigos depois. Perguntou se eu queria conhecê-los e eu menti:

— Adoraria, mas tenho que ir.

Sabia que nunca me encaixaria no grupo de amigos dele. Pensar nisso me deixava triste de um jeito estranho — saber que eu poderia ter aquele tipo de experiência com aquele homem, ser extremamente desejado por ele, e mesmo assim jamais me encaixar no mundo dele, cheio de homens gays brancos de San Diego que reproduziam a heteronormatividade dentro da própria bolha e os códigos de masculinidade.

Compreendi, mesmo que de modo superficial, que havia uma divisão entre quem era aceitável para a sociedade e quem não era. Os homens que conseguiriam se passar por heterossexuais se quisessem tinham um privilégio que pessoas como eu nunca teriam. Tempos depois, quando minha carreira já havia alavancado, conheci homens gays brancos e masculinos que me olhavam com certo ódio, uma aversão a si mesmos projetada no outro, algo parecido com homofobia internalizada e transformada em desprezo. Para eles, eu nunca deixaria de ser um dançarino de flamenco que interrompe a coreografia quadrada que eles cuidadosamente ensaiaram.

Mas é óbvio que os homens gays brancos não foram os únicos a participar do culto da masculinidade. Quando tinha 19 anos, eu estava caminhando em Balboa Park quando passei por um rapaz negro muito bonito. Ele devia ter mais ou menos minha idade, talvez fosse alguns anos mais velho.

— Oi, bonitão — disse ele.

Eu me virei.

— Eu?

Foi engraçado. Eu nunca tinha recebido uma cantada antes.

Ele me contou que era da Marinha e que estava na base de San Diego, mas era de Pine Bluff, no Arkansas.

— Meu nome é John Wayne — disse ele, sorrindo. — É, eu sei. A expectativa é alta.

O nome dele vinha de uma tradição de masculinidade. O machão dos machões.

Passamos o resto do dia juntos e depois fomos para a casa de minha mãe para dar uns amassos. Transamos em Balboa Park, no banco de trás do carro dela. Eu ia buscá-lo na base naval e, certa vez, me lembro de encontrá-lo em Los Angeles numa igreja cor-de-rosa na Vermont Avenue, onde ele estava a trabalho. Transamos lá também. Parados no estacionamento, no banco de trás do carro.

Algumas semanas mais tarde, ele me telefonou do hospital onde estava internado com apendicite. Fui visitá-lo no hospital dos veteranos em Balboa Park, onde nos conhecemos.

— Depois de passar por tudo isso... — começou ele, e me perguntei o que viria a seguir. — Pensei muito em Jesus e percebi que o que estamos fazendo não é certo.

— Você está falando sério? — perguntei.

Ele apenas me encarou.

— Não tem nada de errado com o que estamos fazendo — falei. — Só estamos nos divertindo.

Ele baixou o olhar, como se estivesse envergonhado.

— Tem certeza disso? — perguntei.

— Tenho — respondeu ele.

Nunca mais voltei a ver John Wayne. O machão dos machões não gostava de transar com outros homens.

A única coisa que me restou era continuar dirigindo, então foi o que fiz. Atravessei o país para lá e para cá, em um carro atrás do outro: um Jaguar XJ6, uma BMW 2002, um Mercedes 450SL. A cultura automotiva era um símbolo importante para os Estados Unidos; aqueles carros inspiravam estilo e poder, e era exatamente essa a sensação que se tinha ao dirigi-los. Certa vez, quando viajava em um Mercedes, parei para dar carona a um rapaz negro muito bonito. Eu estava em algum lugar do Arizona, indo para o oeste. Então, como acontecia às vezes, o carro quebrou no meio da noite. Isso acontecia de vez em quando, e aquele carro em questão era um veículo vintage europeu muito temperamental, portanto tive que pensar rápido. Como fui criado em uma dinâmica familiar que priorizava a autossuficiência, entrei em ação — o rapaz da carona não sabia fazer nada e, logo, não ajudou. Fiquei com raiva dele por isso, pelo luxo de poder ficar de braços cruzados enquanto eu resolvia o problema por nós dois.

Em outra ocasião, eu estava viajando com meu primo Welby, que era o único ponto em comum de nossa família:

todo mundo gostava de Welby, até mesmo minha mãe, que detestava os parentes de meu pai. Ele era risonho, uma companhia agradável e, como eu, adorava carros. Quando eu tinha 13 anos, ele me buscou em San Diego em um Pantera, um carro esportivo italiano que acabara de começar a ser vendido nos Estados Unidos, e me lembro de ficar impressionado com o quanto era elegante.

Welby e eu tínhamos parado para visitar outro primo em Fort Worth e estávamos na I-20 a caminho de San Diego, passando por Weatherford, quando notamos uma luz piscando atrás de nós.

— Carteira de motorista e documento do carro — solicitou o policial.

No entanto, como havíamos comprado o carro para reforma e venda, ainda não estávamos com o documento.

Quando isso acontecia, geralmente eu conseguia explicar a situação para o policial e ele me dava uma colher de chá. Mas não em Weatherford, Texas. Os policiais nos fizeram segui-los até a delegacia, onde prenderam Welby. Liguei para a prima que tínhamos ido visitar em Fort Worth de um telefone público — como se eu nem sequer tinha o número dela? —, e ela concordou em dirigir até Weatherford para pagar a fiança.

A delegacia ficava em uma praça tão pitoresca, que parecia o cenário de um estúdio. Eu me lembro de ter pensado: *Deve ser legal morar aqui*. Era tarde da noite, talvez onze horas, e eu estava andando de um lado para o outro de short jeans cortado, regata, jaqueta justa e botas e chapéu de caubói. Mais gay impossível. Quando a liberação de Welby saiu, o juiz já tinha ido para casa, e os policiais tiveram que telefonar para acordá-lo para que pudesse assiná-la. Assim que a fiança foi paga, seguimos caminho. Todo o desvio durou apenas algumas horas. A grande transgressão, é lógico, foi sermos dois rapazes negros dirigindo um carro tão bonito. Eu sabia muito bem disso. Mas tivemos sorte naquela noite.

Quando Welby e eu voltamos para a estrada, só queríamos tomar o máximo de distância possível de Weatherford. Dirigimos a madrugada toda morrendo de rir até chegar a Phoenix. Algumas de minhas lembranças sozinho na estrada são estranhamente afetivas. Eu era devoto de David Bowie e várias vezes escutava o álbum *Scary Monsters* enquanto dirigia. Fiquei empolgado com a entrevista que ele daria para o programa *20/20* sobre sua estreia na Broadway em *O homem elefante*, mas a entrevista foi ao ar bem quando eu estava viajando, então me hospedei em um hotel de beira de estrada em Wilcox, Arizona, a tempo de assistir. O quarto custou 11 dólares e continua sendo, até hoje, um dos hotéis mais bonitos em que já estive: era limpo, de iluminação baixa, a cama tinha uma colcha de chenile macia e havia um aquecedor fixo à parede que deixava o quarto quentinho e aconchegante. Eu me sentei na cama, contente, feliz por ter apenas a mim mesmo como companhia, e vi Bowie na TV. Tudo de que eu precisava estava bem ali.

Lamar e minha irmã haviam terminado, mas eu ainda saía com os irmãos Kendall quando estava em San Diego. Eu tinha um plano: voltar para Atlanta, mas, dessa vez, levando Lamar comigo. Não foi difícil convencê-lo a respeito de Atlanta: era de conhecimento geral entre as pessoas negras que aquele era o lugar para se estar, mais até do que Washington, Houston ou Nova York. Atlanta era o lugar onde a cultura negra estava ganhando forma. Eu não tinha nenhum carro de Gerald para transportar, então meu plano era que fôssemos de ônibus. Seriam dois dias e meio de viagem.

Na véspera de nossa partida, Lamar deu para trás. Arranjou uma desculpa: "Não estou pronto para ir agora. Preciso me organizar financeiramente" — algo assim. Entretanto, eu sabia que, na verdade, era o medo falando mais alto. Ele não estava pronto para se arriscar daquela forma. Mas eu estava decidido: viajaria sem ele, e deixei isso bem evidente.

Só que por dentro eu estava arrasado. O fato de ele ter desistido do plano solidificou a ideia que eu tinha havia muito tempo de que figuras como meu pai, pessoas carismáticas que faziam promessas vazias, sempre me decepcionariam. Eu sabia que mais cedo ou mais tarde teria que parar de esperar algo diferente delas.

Já estava acostumado com esse tipo de decepção porque tinha vivido isso com meu pai muitas vezes. Mas eu realmente acreditava que faria algo importante em minha vida e sabia que essa crença me renderia bons frutos. Houve momentos em que fiquei balançado, é claro, mas nunca deixei de acreditar. Muitas das pessoas que conheci, principalmente os homens, eram mentirosos inveterados: prometiam de mais e entregavam de menos.

Estar sozinho naquele ônibus quando eu achava que estaria com Lamar foi como um divisor de águas. O ônibus estava passando por El Paso no momento em que o sol se pôs em meio a uma tempestade de poeira. Tudo ficou laranja como em um filme de Scorsese: uma paisagem surrealista e hipnotizante que parecia ter saído de um sonho. Mal conseguia acreditar no que estava vendo. E, naquele momento, soube que minha vida nunca mais seria a mesma, que eu estava deixando algo para trás, por mais importante que fosse.

Em Monroe, Louisiana, um casal entrou no ônibus, um cara negro e uma garota branca. À noite, o silêncio reinava enquanto os passageiros dormiam, mas eu estava acordado, olhando pela janela. De repente o ouvi tentando convencê-la a aceitar fazer um boquete.

— Não — dizia ela. — Não quero.

— Por favor, amor — insistia ele.

Ele a pressionou até que ela finalmente cedeu, então ouvi o barulho do zíper e logo depois um estalar de lábios, molhado e barulhento.

A vida é assim às vezes. Você acha que vai viajar rumo ao pôr do sol com o Príncipe Encantado e, em vez disso, acaba preso em um ônibus rodoviário, obrigado a ouvir um estranho sendo chupado. Eu sabia que Lamar Kendall era passado, e tudo bem.

Havia algo melhor esperando por mim — algo e alguém.

Atlanta continuou sendo apenas uma parada para mim. Tinha saído da escola e meu pequeno círculo de amizades — os irmãos Crank, amigos que fiz no teatro — havia se afastado. Eu fazia algumas viagens para Gerald e depois ficava matando tempo na casa de minha mãe, entediado.

No feriado de Ação de Graças, Renetta e Gerald viajaram com os filhos para a República Dominicana, e fiquei sozinho em casa com uma Ferrari amarela. Decidi dirigir até uma discoteca chamada Numbers, que ficava na Cheshire Bridge Road. Uma mulher chamada Crystal LaBeija estava se apresentando naquela noite. Ela subiu no palco de camisola, lingerie e cinta-liga. Estava tão parecida com Donna Summer que cheguei a pensar que fosse a cantora famosa, mas, quando o número terminou, ficou evidente que não era, porque Crystal tinha uma presença de palco que Donna jamais tivera. Ela fez *lip-sync* de "Bad Girls", e eu fiquei de queixo caído.

Na volta para casa, coloquei "Our Love", de Donna Summer, para tocar no carro. Nada poderia ser melhor que aquilo, aquela música, aquele carro veloz. Aquela era a única sensação que me deixava eufórico. Senti o acelerador sob meu pé e observei o velocímetro subir. Os graves da música vibravam nos alto-falantes. Eu não pertencia a nada além de mim mesmo, daquele momento e daquela batida, e isso bastava.

Pouco tempo depois, eu estava em San Diego com Renae, sentado na sala de estar de nossa mãe. Minha irmã estava com uma expressão estranha, até que de repente disse:

— O papai quer falar com você.

Imediatamente percebi que ela havia ensaiado aquelas palavras. Não queria me magoar nem me colocar contra a parede, só queria me preparar para o que estava por vir.

— Sobre o quê? — perguntei.

Eu não falava direito com nosso pai havia anos.

— Viram você em Balboa Park — respondeu ela em tom cauteloso. — Com umas pessoas que todo mundo sabe que são gays.

Meu estômago revirou. Não tanto pela possibilidade de que eu fosse tirado do armário, mas porque sabia que teria uma conversa de verdade com meu pai, coisa que eu passara tanto tempo evitando, talvez toda a minha vida. O interesse dele por mim sempre fora tão superficial, que minha primeira reação não foi me preocupar com o fim de meu segredo, se é que era possível chamar assim. Na verdade, a primeira coisa que pensei foi: *Como ele ousa se preocupar justamente com isso?*

Ele sempre fora muito afetuoso com minhas irmãs. "Oi, filhota!", "Oi, princesa!", dizia com aquele jeito charmoso e cativante, mas nunca sobrara afeto para mim, nem mesmo uma migalha. Quanto ao fato de eu ser gay, os garotos do bairro já haviam jogado isso na minha cara muitos anos antes. Não era possível que meu pai não soubesse. Senti um ressentimento amargo vir à tona, e odiava o fato de ele surtir aquele efeito em mim.

Era domingo quando meu pai apareceu para me buscar. Eu estava preparado, sabia exatamente o que ia dizer a ele. Seguimos de carro até Golden Hill Park no mais absoluto silêncio, estacionamos, depois caminhamos um pouco e nos sentamos num banco.

Quando finalmente falou, seu tom era sério, e ele usou as mesmas palavras que Renae.

— Me disseram que viram você no parque. Com pessoas que todo mundo sabe que são gays. É verdade?

Minha resposta foi vagarosa e calculada. Eu estava calmo, não deixei minha raiva falar mais alto.

— Como você tem coragem de me fazer perguntas sobre minha vida pessoal quando nunca teve interesse em mim? Você nunca pagou um centavo de pensão. Nunca recebi um pingo de afeto vindo de você. Então isso não é da sua conta.

Ele gaguejou uma resposta. Notei que ficou surpreso com minha reação, mas não havia mais nada a ser dito. Eu nem sequer sabia se a situação que ele descrevera era real. Queria, sim, andar com um grupo de gays pelo Balboa Park, mas eu nem tinha amigos gays suficientes para que isso fosse verdade. Todo aquele papo furado podia muito bem ter sido armação de algum amigo dele que suspeitava que eu fosse gay e queria saber a verdade.

Mas o que realmente me abalou foi perceber o quanto a visão de mundo de meu pai era limitada e egoísta. Ele jamais teria pensado em perguntar se eu estava feliz, se meus amigos me amavam do jeito que eu era, se eu sequer era amado. Só prestou atenção em mim quando soube que existia a chance de eu estar manchando sua reputação, quando houve a possibilidade de eu envergonhá-lo por ser gay.

Meu pai sempre prestou tanta atenção em minhas irmãs. Ele amava mulheres. Ele as bajulava, elogiava e adorava.

O mundo era assim, afinal.

Como seria se eu me tornasse a garota mais bonita de todas?

Isso, sim, seria impactante.

CINCO

Pertencer

"Não consigo explicar a magia daquelas apresentações, a não ser falando sobre o clima de diversão despreocupada e pueril, uma recusa em afundar na areia movediça da seriedade da vida."

Certo dia, eu estava dirigindo por Atlanta e ouvindo uma entrevista na rádio universitária. Um homem chamado Tom Zarilli estava conversando com uma mulher de nome Elouise Montague sobre um programa de TV do qual ambos participavam, *The American Music Show*. Pelo tom da conversa, achei os dois muito excêntricos. A entrevista estava muito engraçada e gostei do jeito como eles conversavam, com certa cadência e divertimento. Decidi ver o programa. Então procurei pelo *The American Music Show* na televisão de acesso público, que era algo relativamente recente. As empresas de TV esburacavam as ruas para instalar seus cabos e, como parte de acordos com o governo local, alocavam canais em seus sistemas de transmissão para que qualquer pessoa pudesse colocar a própria programação no ar. As vagas eram disponibilizadas a quem desejasse por ordem de chegada. E assim o *The American Music Show* foi divulgado ao público, pré-gravado em fitas VHS e entregue à emissora.

Um ano antes, em 1981, a Sony havia lançado o primeiro gravador de vídeo a nível popular, um dispositivo portátil com bateria e que se carregava na cintura, o que alavancou a democratização das mídias.

O visual do *The American Music Show* era simples e diferente de tudo, passava longe da produção elegante de outros canais. O programa era filmado com uma câmera portátil de imagem trêmula e tinha dois apresentadores, James Bond e Dick Richards. Eles ficavam sentados em frente a uma estante numa sala abarrotada de coisas: bugigangas, TVs antigas e livros amarelados. Isso deixava evidente na hora que o tom do programa partia de uma certa irreverência intelectual. James e Dick falavam sobre atualidades e recebiam convidados, como se estivessem no *The Johnny Carson Show*. Os convidados cantavam uma música, tocavam violão, apresentavam um número de dança ou simplesmente conversavam com eles.

Em um dos primeiros episódios a que assisti, Elouise, a mulher que eu havia ouvido no rádio, cantou uma música de Bessie Smith acompanhada por um guitarrista. Ela tinha um jeito doce, olhos bonitos e uma aparência que nos fazia acreditar que ela havia saído de um filme da MGM dos anos 1930, usando roupas de brechó e cabelos no estilo *flapper bob*. Elouise até mesmo sapateou na ponte da música.

Havia algo naquilo que parecia inédito para mim. Eles não estavam tentando ser elegantes ou sofisticados, e a energia improvisada do programa deixava tudo muito punk rock. O aspecto amador da produção evidenciava que nenhum deles levava a vida a sério demais, que estavam dispostos a mandar às favas a seriedade engessada do entretenimento na TV. Esse jeito de viver passara a ser minha religião desde aquela conversa com Bill Panell.

Cresci assistindo a *Monty Python*, programa que eu adorava porque eles tiravam sarro de gênero, política e religião — tudo que era sagrado para os estadunidenses. O *The American Music Show* era menos pastelão, mas, assim como *Monty Python*, não era cheio de dedos, isento ou refinado. O *éthos* do programa era evidenciar os absurdos da vida. Eu sabia que sempre tinha estado em busca de minha turma; era algo que desejara durante toda a minha vida. Aquele programa foi a primeira vez que tive a sensação de que ela existia. Eu só precisava alcançá-la.

Ao fim de cada episódio, os apresentadores informavam os dados da caixa postal, então escrevi uma carta. Disse a eles que era fã do programa, que eu era uma futura estrela e que gostaria de participar e me apresentar. Esperei ansiosamente pela resposta por quase duas semanas, até que recebi uma ligação de um homem chamado Paul.

— Nós lemos sua carta — disse ele, entusiasmado. — Adoraríamos receber você no programa!

— Sério? — perguntei.

— Sério! — respondeu Paul.

Mal conseguia acreditar. Eu me senti muito honrado por estarem dispostos a me convidar para aparecer na televisão. Depois, soube que eles é que ficaram honrados: fui a primeira pessoa a pedir para participar do programa.

A música disco dominou as paradas de sucesso durante toda a minha adolescência, o que eu achava o máximo. Ainda lembro perfeitamente onde estava na primeira vez que ouvi Donna Summer cantando "I Feel Love" na rádio: dentro de um Lincoln Continental azul-marinho de quatro portas com minha mãe e Rozy numa rodovia de San Diego. Fiquei todo arrepiado. Sempre que eu ouvia disco, seja lá onde fosse, o ritmo me transportava para outra dimensão.

Mas, ao fim dos anos 1970, uma tendência anarquista se instaurou e o disco deu lugar ao punk. E foi assim que, no verão de 1979, uma estação de rádio em Chicago incitou um ritual de queima de vinis de música disco que resultou em protestos. Homens brancos julgavam esse gênero musical como algo feito para negros e gays. Eles haviam tolerado que isso tocasse nas rádios por um tempo, mas já bastava.

Depois da onda de disco e de punk, veio a new wave, que se inspirou na sensibilidade autêntica do punk e incorporou os sons dançantes dos sintetizadores. A new wave não era apenas um gênero musical, mas um estilo visual e uma atitude que tinha como base a irreverência — uma piscadela afrontosa para os grupos dominantes, ou até mesmo um chute em suas costelas. Eu gostava do espírito punk, mas me via como um artista new wave e sabia que queria levar essa energia para o que seria minha primeira apresentação televisionada no *The American Music Show*.

O próprio título do programa era sugestivo, uma piada sutil com um nome que era ao mesmo tempo sóbrio e respeitável. Aquele não era um programa qualquer, era *o* programa. Era irresistível!

Gerald, Renetta e eu havíamos nos mudado para uma nova casa, em River Overlook Drive, Sandy Springs. Os dois não reagiram muito bem quando anunciei que iria aparecer na TV. Como todos de minha família, sabiam que meu destino estava escrito nas estrelas, mas não tinham ideia de como ou por qual meio se cumpriria. Também nunca compreenderam minhas experiências com o punk e com a new wave. Na verdade, acreditavam que, ao menos conceitualmente, eu seguia a tradição do rock 'n' roll, e que havia um fundo de rebeldia em tudo que eu fazia.

Eu ainda trabalhava para Gerald e ia à biblioteca pública de Atlanta para vasculhar os jornais em busca de carros usados. Gerald era rígido, mas justo.

— Se você não puder voltar com o que eu quero, volte com algo melhor — dizia ele.

Alguns dias depois do telefonema de Paul, eu estava saindo da biblioteca quando encontrei 20 dólares no chão. Parecia um sinal do universo, porque eu vivia sem dinheiro. Fui até o bar de um hotel próximo para tomar um drinque e bati papo com a garçonete. Seu nome era Robin, e ela era muito legal. Era branca, alguns anos mais velha do que eu e mãe de um bebê de 2 anos. Morava com uma colega chamada Josette, que precisava de ajuda para se mudar. Concordei em ajudá-la. Enquanto dirigia o caminhão de mudança pela cidade, tive uma epifania: meu grupo deveria se chamar RuPaul and the U-Hauls. Esse era o auge da new wave: fazer piadinhas com a cultura consumista do pós-guerra. Conheci uma garota que se apresentava sob o nome artístico Patty O. Furniture e gostei da ideia de pegar um nome conhecido e transformá-lo em algo diferente. E queria que Robin e Josette fossem as outras integrantes, minhas U-Hauls.

Nós éramos um grupo, não uma banda. Não íamos tocar instrumentos, íamos apenas ser fabulosos de um jeito warholiano. Ensaiamos uma coreografia para a música "Shotgun", de Junior Walker & the All Stars, que era basicamente uma série de passos reaproveitada de uma coreografia que eu inventara anos antes com Rozy. O ensaio não demorou muito, já que a música tinha apenas dois minutos e trinta segundos. E fizemos os figurinos também. Todos de bom gosto, obviamente: eram macacões com estampa de oncinha e franjas nas laterais.

O local onde o programa era gravado não parecia um estúdio, e de fato não era: ficava no prédio onde James, um dos produtores, morava com a mãe. Ela ficava no andar de cima e James, no porão. Ao entrar, a primeira coisa que vi foram pilhas de jornais sobre o linóleo barato, como se alguém os colecionasse. O lugar tinha luzes fluorescentes e havia revistas espalhadas e caixas obstruindo a porta do "estúdio". Além disso, o porão exalava um cheiro de maconha. Não era o epicentro do despertar cultural que eu imaginei que seria, mas até isso foi uma lição de algo que eu suspeitava, porém precisava confirmar: de certo modo, tudo se tornava mágico quando visto pelas lentes de uma câmera de TV. Tivemos que ajustar nossa coreografia, porque o espaço era muito pequeno, mas os criadores do programa gostaram do que fizemos e disseram que poderíamos voltar quando quiséssemos. Retornei uma ou duas semanas depois, e continuei marcando presença pelos oito anos seguintes.

James, percebi logo de cara, era muito peculiar — maconheiro e preguiçoso, mas um amor de pessoa. Tinha pele marrom-clara, cabelos cacheados e grisalhos e ria de qualquer coisa que eu dizia, como se fosse um tique.

Na primeira vez que assisti ao programa, deduzi que James era irmão do ativista de direitos civis e políticos Julian Bond, que era amigo de Martin Luther King Jr. e se tornara quase uma celebridade. Julian foi senador e o primeiro político negro a apresentar o *Saturday Night Live*, o que o tornou uma figura famosa não apenas dentro do movimento negro, mas também para o público geral. Os créditos de abertura do *The American Music Show* mostravam a sala do "estúdio", onde era possível ver bótons de campanha de Julian Bond para o senado, adesivos de carro, caixas de fósforos e uma foto de Martin Luther King Jr. Todo o movimento pelos direitos civis em Atlanta estava implicitamente presente nos primeiros minutos de cada episódio.

O fato de haver uma relação entre o movimento pelos direitos civis e o nascimento daquela nova cena não me passava despercebido. O grito de luta pela igualdade racial, que começara em Atlanta, seria transmitido ali de outra forma: uma recusa em aceitar o *status quo* ou em concordar com os termos estabelecidos pela sociedade. Na verdade, as pessoas por trás do *The American Music Show* se conheceram trabalhando como voluntários na campanha de George McGovern, o candidato progressista que concorreu contra Richard Nixon nas eleições presidenciais de 1972. Embora vários integrantes do grupo fossem brancos, me sentia totalmente à vontade — talvez ainda mais por eu ser negro. Todos eram progressistas e tinham consciência racial, e esse espírito de inclusão estava no DNA do programa.

O outro apresentador do programa era Dick Richards, dono de um carisma sem igual e a alma da coisa toda. Dick crescera na Carolina do Sul, tinha um forte sotaque sulista e uma risada genuína, como se estivesse sempre assoviando, e um brilho nos olhos, o olhar de alguém que conseguia enxergar a alma das pessoas. Às vezes, ele andava pela casa fazendo flexões com um par de pequenos halteres e tagarelando. Repartia o cabelo para o lado esquerdo um pouco baixo demais, de modo que vivia parando para ajeitá-lo. Ao lado de James, Dick reivindicou a missão de mostrar e divulgar a cena de Atlanta, sob um lema único: "Se não for para se divertir, então não faça!"

A ex-namorada de James, Potsy, operava a câmera e fazia os efeitos visuais do programa. Ela escrevia os nomes dos convidados em letras elaboradas e criava a colagem que era exibida nos créditos de abertura. Potsy tinha uma voz grave e melodiosa, e usava uma permanente no cabelo. Enquanto gravava os programas, ela também mantinha uma câmera virada para si mesma, e essa câmera alimentava uma transmissão ao vivo que passava em uma TV posicionada no set, filmada pela primeira câmera. Era como uma casa de espelhos feita de câmeras e TVs, uma piada em *looping*. O programa era gravado nas noites de terça-feira. Todo mundo levava maconha e comida. Então ficávamos chapados e jantávamos juntos frango frito, purê de batatas, macarrão com queijo, vagem e torta de batata-doce. Também havia outros convidados que apareciam no programa, todos membros da cena mais ampla de Atlanta. Alguns deles, os mais jovens, saíam do estúdio direto para as boates, vestidos a caráter para dançar até o nascer do sol; já outros, os mais velhos, eram intelectuais, membros da contracultura e literatos. Muitos deles haviam crescido no sul dos Estados Unidos, e logo percebi que aquela parte do país produzia figuras excêntricas e extravagantes, do tipo sobre o qual Tennessee Williams escrevera, e ninguém estranhava. Em San Diego, que era tão antiquada, teriam sido criticados a torto e a direito, mas ali era como se flamingos selvagens coexistissem com pessoas comuns. Era impossível prever que tipo de figura iria aparecer — alguma combinação de artistas performáticos e profissionais do sexo, heterossexuais e homossexuais, muitas vezes de peruca, fantasias esquisitas ou pinturas faciais, encenando esquetes absurdas.

    Eu me apresentei com Robin e Josette algumas vezes, mas logo ficou evidente que o *show business* não era tão importante para elas quanto era para mim. Eu já tinha substitutos em vista. Durante um voo, conheci uma garota chamada Susie, que estava voltando da escola em Howard; ela havia resolvido deixar a escola, segundo ela, porque não suportava ficar longe de casa. Percebi que se tratava de uma criatura frágil, uma Blanche DuBois negra, mas gostei da menina mesmo assim.

Susie trabalhava como garçonete na cafeteria da loja de departamentos Davison's, no Lenox Square Mall, e sua amiga Gina era a recepcionista. As duas me ajudaram a conseguir emprego lá como cozinheiro auxiliar, porém o mais importante é que se tornaram minhas U-Hauls e começamos a nos apresentar semanalmente no *The American Music Show*, fazendo números de dança ao som de "Groove Me", de Fern Kinney, ou "Murphy's Law", de Chéri. Eu criava todos os figurinos, que eram inspirados no espírito contemporâneo da moda urbana que vinha sendo importada de Londres. O figurino de grupos como Bow Wow Wow e Bananarama estava na moda, com jeans desfiados e *animal print*, então eu comprava tecidos baratos e fazia vestidos, blusas e faixas para a cabeça e os braços.

Susie estava a fim de mim, embora devesse ter sido óbvio para ela que nós gostávamos da mesma fruta. Eu sabia que existia um tipo de mulher que se apaixonava por homens gays para se proteger da realidade de quanto os homens heterossexuais podiam ser agressivos; acho que gostar de mim era uma forma de garantir a própria segurança. Mas ela não conseguia aceitar que jamais haveria algo entre nós. Certa vez, depois que discutimos por causa disso, ela passou cocô de cachorro no capô de meu carro. No entanto, fizemos as pazes a tempo da apresentação seguinte — em que dançamos "In the Name of Love", da dupla Thompson Twins.

Como expressar a sensação de encontrar sua turma, passar a pertencer a uma comunidade e finalmente ser compreendido, de reconhecer o elo invisível que liga você aos outros? Cães conseguem ouvir uma frequência que não pode ser detectada pela audição humana e insetos conseguem ver cores ultravioletas que são imperceptíveis para nós. Assim foi para mim naqueles primeiros meses no *The American Music Show*, quando eu tinha 21 anos. Mesmo quando assisto às fitas, não consigo explicar a magia daquelas apresentações, a não ser falando sobre o clima de diversão despreocupada e pueril, uma recusa em afundar na areia movediça da seriedade da vida. É impossível colocar em palavras, mas, quando penso nisso, lembro exatamente o que eu sentia na época.

Era como se aquelas pessoas tivessem parado de encenar a peça teatral chamada de vida, ou melhor, como se tivessem percebido que tudo que a sociedade considerava importante não passava de uma grande bobagem. Haviam deixado de lado o pensamento fechado da vida cotidiana e ampliado o olhar, o que as fez perceber que a vida era muito mais do que se podia ver em meio à multidão. E depois, ao retornar à vida cotidiana, carregavam consigo o aprendizado adquirido. Uma vez visto, aquilo não podia ser desvisto. Era impossível continuar levando tão a sério as coisas pequenas da vida. Tudo se tornara uma grande piada.

Mas é óbvio que uma pessoa jamais se daria ao trabalho de dar esse passo se estivesse confortável no próprio mundinho. O que nos unia naquela cena era o fato de sermos todos forasteiros, a dor de não nos encaixarmos no pesadelo constante que era o mundo. Quando encontrei aquela comunidade, as coisas começaram a se encaixar. Junto com as U-Hauls, comecei a me apresentar em festas de universitários, depois no 40 Watt Club, em Athens, e no 688 Club, no centro de Atlanta. Foi lá que conheci Kathy, uma lésbica muito séria que adorava David Bowie e estava de saco cheio de morar com os nove irmãos no subúrbio de Marietta. Juntos, decidimos alugar um apartamento perto do centro, na Charles Allen Drive.

Em pouco tempo, eu tinha saído da casa de minha irmã e estava começando a fazer meu nome como artista. Tudo graças àquele programa de televisão.

Todos usavam muitas substâncias, algumas de efeito anestesiante e outras que alteravam o estado da consciência, mas todas baratas e amplamente acessíveis. O consumo de cocaína, como eu havia feito com Gerald, era raro — um hábito caro que só se tornaria popular quando o crack chegasse às ruas, anos mais tarde. Mas a maconha era barata e fácil de ser encontrada; uma garrafa de Ballantine Ale custava 2,49 dólares e até mesmo o LSD custava apenas 5 dólares.

Pouco tempo depois de começar a me apresentar no *The American Music Show*, usei ácido pela primeira vez, com minha amiga Cassie Banks. Ela era magra como uma modelo saída de uma passarela de Paris e era famosa na cidade. Posteriormente, eu a vi dançando em meio à multidão num programa de televisão de acesso público chamado *Dance-O--Rama USA*. Naquela época, meu conhecimento sobre ácido se limitava ao senso comum. Já tinha ouvido falar de Timothy Leary e estava ciente de que o LSD desempenhara um papel importante no surgimento da contracultura, mas não sabia direito no que estava me metendo.

Usei ácido em meu apartamento na Charles Allen Drive. O papelzinho tinha uma estrela, e Cassie me disse que eu começaria a sentir o efeito após mais ou menos quarenta minutos. No começo, senti um formigamento que começou em minha virilha e depois se espalhou por todo o meu corpo, como a sensação de quando se acha algo engraçado. Ergui a mão e a agitei no ar, e lá estavam os sinais de que eu tanto ouvira falar. *Lá vamos nós*, pensei. A sensação foi maravilhosa. Para mim, aquele momento foi como renascer na vida que eu achava que teria para sempre. Era uma vida que fora negada a mim pelas restrições da sociedade e pelo mito da realidade, e agora eu estava vendo o outro lado da coisa. Agradeci a Deus por finalmente estar sendo libertado da hipocrisia da vida e por poder enfim acessar o mundo absurdo que era destinado a mim. Compreendi de corpo e alma que tudo que eu havia feito na vida até então havia me preparado justamente para aquele momento, para minha primeira viagem de ácido. Naquele instante, eu enxergava *de verdade* o que acontecia a meu redor, as moléculas que compunham a própria matéria vibrando e rodopiando. Aquele, sim, era o mundo real. A outra vida, a que eu vivera por 21 anos, era apenas uma ilusão. Era extraordinário, mas não assustador, porque a anestesia do cotidiano nunca funcionara para mim. Então, aquela sensação era mais uma confirmação de algo que eu já sabia do que uma revelação propriamente dita.

No mesmo instante, soube que precisava sair de casa e andar por aí. Queria explorar o mundo, vivenciá-lo plenamente. Uma curiosidade infantil renasceu dentro de mim. Eu me lembrei de quando era criança, de como me sentia antes de meus pais interromperem tudo com o drama que tanto me sugara ao longo da vida, arremessando lâmpadas um no outro dentro de casa. Agora eu queria conhecer o mundo. Queria brincar!

Então saí do apartamento e desci pela Charles Allen Drive. A maneira como o sol se infiltrava por entre as folhas e os galhos e criava sombras na calçada era lindíssima. Havia vida em todas as coisas. Permiti que o LSD me guiasse para onde eu precisava ir. Conseguia enxergar cada pedacinho de grama crescendo nos jardins. Que experiência magnífica! Fui até a entrada do parque e virei à esquerda. Segui caminho pela Tenth Street, ouvindo a melodia do trânsito. De repente, lembrei: *A água!* Então virei à direita e fui até os bancos na margem do lago.

Havia duas pessoas em pé nas margens, um menino e uma menina, e outro garoto sentado no banco.

A jovem tinha uma beleza de tirar o fôlego, como a de Lauren Bacall. Ela usava um vestido dos anos 1960 e uma jaqueta jeans azul-clara. O garoto magro ao lado dela era ruivo e sardento e parecia muito animado, um pouco efusivo até.

Eu me sentei no banco ao lado do outro garoto. Ele era alto, quase de minha altura, bonito e loiro. Nossos joelhos se tocaram e quase arquejei. A química entre nós foi arrebatadora.

As árvores respiravam.

Olhei para ele e pensei: *Passei a vida toda procurando por você.*

— Como você se chama?
Ergui o rosto e vi que o garoto ruivo me encarava.
— RuPaul — respondi. — E você?
— Floyd.
Ele sorriu. Era como se tivesse acabado de descobrir uma criatura exótica e essa criatura fosse eu.

O menino sentado a meu lado se chamava Mark e a garota, Anna. Ela era galesa e estava fazendo intercâmbio na Universidade da Geórgia; Floyd e Mark eram amigos de infância. Assim que começamos a conversar, percebi que eles eram dos meus e que pensávamos da mesma forma. Contei que tinha usado LSD.

— Temos maconha em casa — revelou Anna. — Quer vir com a gente?

Aceitei o convite. O apartamento ficava a algumas quadras de distância, no centro da cidade. Nós nos deitamos em pufes e ficamos ouvindo "African Reggae", de Nina Hagen, e depois colocamos *Low*, de David Bowie. Uma brisa soprava e balançava as cortinas. Nós quatro estávamos dançando — Floyd desengonçado como um personagem de desenho animado, Anna delicada e elegante — quando de repente me ocorreu: *Eu tenho um carro*.

— Eu tenho um carro! — exclamei. — Um conversível!

Tinha um Plymouth Valiant 1964 branco como a neve.

— Vamos dar uma volta — convidei.

Caminhamos até meu apartamento e trocamos algumas palavras com minha colega, Kathy, que olhou para Anna como se ela tivesse a beleza de uma fada, o que era verdade. Depois fomos até a loja de conveniência mais próxima para comprar bebidas.

Assim que estacionamos, um homem gigantesco se aproximou.

— Departamento de polícia — informou ele. — Preciso dar uma olhada na sua carteira de motorista.

Olhamos uns para os outros, em pânico. Eu ainda estava drogado, e todos eles estavam chapados!

Então o homem começou a rir.

— Brincadeirinha — disse ele. — Vocês têm alguma coisa para me dar?

Dissemos que não e o estranho foi embora. Enquanto ele se afastava, nos entreolhamos, aflitos. *Tem noção do problemão que isso teria sido?* Ficamos incrédulos diante de nossa sorte. Depois dirigimos sem rumo, bebendo, curtindo a brisa e o clima perfeito, a sensação amanteigada do ar de Atlanta, a experiência inigualável de sermos jovens e livres. Era assim que as coisas funcionariam: tínhamos sido escolhidos, éramos privilegiados. Nenhuma energia negativa nos atingiria.

Pelo menos não atingiria a mim, ao que parecia. Alguns dias depois, meus novos amigos e eu fomos assistir a uma banda chamada Now Explosion que ia tocar em Marietta. Na viagem de carro, dirigi enquanto os outros bebiam no banco de trás. Eu usava uma blusa de alcinha enfeitada com festões de Natal, short jeans branco e um chapéu de comandante naval. Mark jogou uma lata de cerveja pela janela e, segundos depois, uma viatura apareceu atrás de nós.

O policial me fez andar em linha reta e tocar meu nariz, mas passei no teste de sobriedade e me deixaram ir. Mark, no entanto, foi levado para a delegacia. Dirigimos até a casa de Renetta e ligamos para a mãe dele, que foi pagar a fiança.

Mark parecia não ter um anjo da guarda tão protetor quanto o meu, que me mantivera a salvo do bullying, da violência e da brutalidade do mundo. O mesmo anjo que me levara ao refeitório da escola Horton anos antes, no dia em que fui almoçar em casa e pensei que minha mãe tinha me abandonado. Havia algo de inconsequente e um pouco perigoso em Mark, embora ele fosse muito gentil. Sua risada fácil revelava seus segredos e mostrava que havia uma alegria crescente dentro dele, mas, pelo que entendi, ele vivia à sombra de um pai restritivo que possivelmente jamais permitiria que fosse quem realmente era. Ele crescera na região de Stone Mountain, na Geórgia, e era perceptível a existência de um conflito interno entre seu lado mais delicado e feminino e a masculinidade bruta que o pai lhe impusera.

Floyd tinha um charme infantil e Anna era um verdadeiro anjo, adorável e reluzente. Mas, entre meus novos amigos, o que mais me encantou foi Mark, que parecia estar desabrochando de uma forma que me dava um aperto no peito. Ainda hoje nos vejo pegando o Honda de Renetta — que por algum motivo eu estava usando — e indo até Peachtree Battle para fumar maconha num canto afastado do parque. Era quase meia-noite e estávamos nos beijando da forma mais intensa que eu já beijara alguém. Eu desejava Mark desesperadamente. Era como se o mundo inteiro ao redor tivesse parado e estivéssemos vivendo em uma bolha onde o único movimento era o dos nossos corpos.

Mas ainda esperamos uma semana para transar, pois Renetta e Gerald viajariam e eu ficaria responsável pela casa deles, um imóvel bonito e com piscina. Antes de sair da cidade, tomamos LSD, sabendo que o efeito estaria no auge assim que chegássemos na casa.

No entanto, ficamos presos em um engarrafamento. Não era um congestionamento tranquilo, mas sim um do tipo em que se fecham as estradas e as pessoas estacionam os carros e começam a sair no meio da rodovia, reclamando uns com os outros e tentando descobrir o que estava acontecendo. O LSD bateu enquanto ainda estávamos presos naquele engarrafamento que fazia parecer que a cidade tinha sido atacada por alienígenas e todo mundo tentava fugir ao mesmo tempo. Os sinais começaram: os carros faziam barulho e o céu estava salpicado de estrelas cintilantes. E lá estávamos nós, centenas de pessoas reunidas sob o céu noturno, esperando que a rodovia fosse liberada.

Nós precisamos uns dos outros, sei disso. Presenciei de perto a desconfiança de minha mãe em relação aos outros, a maneira como as reviravoltas da vida a endureceram, e talvez um pouco disso já tivesse se instalado em mim. Mas eu era jovem o bastante para acreditar na bondade alheia e, portanto, o que queria era simples: pertencer a algum lugar, ser visto, ser reconhecido. Queria sentir a satisfação de uma peça se encaixando na outra quando você encontra pessoas que são como você. Partira em busca de uma sensação de pertencimento e, por um instante, senti que tinha encontrado.

Quando finalmente chegamos na casa, não conseguíamos tirar as mãos um do outro. Mark tinha ombros largos e pele macia e sedosa, e os pelos do corpo dele eram delicados como plumas. Aquilo era muito diferente do que acontecera com Richard ou Jack, experiências que haviam se resumido à ânsia de satisfazer um impulso. Com Mark, era como se estivéssemos nos conhecendo, explorando um ao outro como eu sentira que precisava explorar o mundo depois de usar LSD.

Mark estava florescendo em sua beleza como acontece com as flores na primavera. Ele era feito as sombras na calçada, difusas pela luz do sol. E, em meio ao crepúsculo psicodélico, finalmente compreendi.

Eu não tinha simplesmente conseguido o que queria. Eu tinha conseguido muito mais.

SEIS

Dualidade

"A vida é cheia de dualidades: noite e dia, preto e branco, yin e yang, bem e mal, nascimento e morte, amor e medo. Não se pode ter um sem o outro."

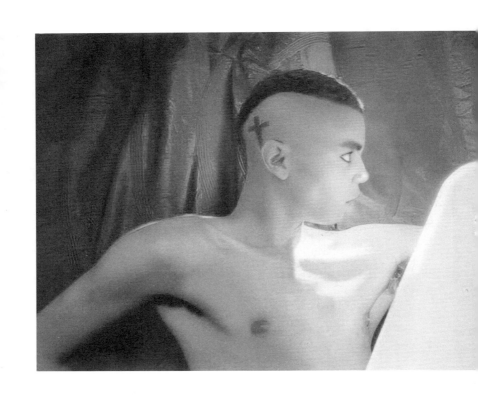

Mark se mudou para meu apartamento antes do fim do verão. Em parte, porque ele e Floyd haviam sido despejados do apartamento onde eu tinha ouvido Bowie sob efeito de LSD no dia em que nos conhecemos; em parte, porque Kathy estava se mudando também. O principal motivo, porém, era o que sentíamos um pelo outro. Ele não tinha muitas coisas, mas tentei fazê-lo se sentir em casa. Quando se acomodou, eu o maquiei e tirei algumas fotos com a Minolta que Renetta havia me dado.

Nenhum de nós tinha dinheiro. Vivíamos de refrigerante, batatas fritas, barras de chocolate e cigarros. Dormíamos em um colchão de molas direto no chão, coberto por lençóis brancos simples. Quando Kathy ainda morava lá, eu usava lençóis grampeados no teto para improvisar um corredor, dividindo a sala de estar ao meio e criando um cômodo dentro do outro, já que ela havia ficado com o quarto. Após sua partida, transformamos o quarto em um estúdio. No banheiro, eu colava enormes anúncios da Dior e da Clinique pelas paredes, que recortava de exemplares antigos da revista *Women's Wear Daily*.

Em setembro, eu fora demitido da Davison's após contratarem um gerente que não gostava muito de mim. Logo depois consegui um emprego como zelador num centro de conferências na North Druid Hills Road. Executivos iam de todo o sudeste para participar de congressos por lá, e eu varria, passava o esfregão e limpava tudo depois que eles saíam, apagava os quadros, batia apagadores, limpava mesas e me certificava de que havia lápis e blocos de papel disponíveis. Eu odiava aquele trabalho. Minha verdadeira vocação era ficar chapado e frequentar discotecas, mas precisava do pouco dinheiro que o serviço me proporcionava.

Meu Valiant quebrou e o substituí por um Ford Granada 1976 amarelo-claro com capota Landau, que peguei com Gerald. Eu ainda transportava carros para ele, mas com menos frequência do que antes, pois finalmente havia encontrado um propósito para minha vida.

Mark e eu não tínhamos muito, mas tínhamos um ao outro. Certa noite, ele me contou sobre uma vez que foi ao Sweet Gum Head, um bar de drags na Cheshire Bridge Road.

— Vi uma drag queen chamada Lakesha Lucky. Ela estava no palco e disse: "Todo mundo nasce nu, o resto é drag".

Olhei para Mark como se ele tivesse acabado de revelar o segredo do universo. E talvez tivesse mesmo.

A vida é cheia de dualidades: noite e dia, preto e branco, yin e yang, bem e mal, nascimento e morte, amor e medo. Não se pode ter um sem o outro. É preciso dois para criar a atração magnética que alimenta a vida. Essa é a ordem natural das coisas: que tudo, em contraste, esteja em perfeito equilíbrio. Sempre me senti tanto homem quanto mulher. Por mais estranho que fosse, eu me sentia mais masculino montado do que desmontado, porque sabia que tinha mais poder dessa forma, já que poder é uma moeda de troca normalmente conferida aos homens. Como um homem negro afeminado que violava as normas da sociedade pelo simples fato de existir, fazer drag era uma forma de recuperar o poder que sempre me foi negado.

Naquela época, minha drag não era refinada. Era um dedo do meio para a sociedade, um jeito de dizer: *Que se danem seus padrões*. Não tinha nada a ver com identidade. De uma forma elementar, desafiava a binariedade, o preto ou branco intrínseco a grande parte da vida. Nesse sentido, meu estilo era provocativo porque ousava subverter a dualidade de todas as coisas e zombava do ridículo de se escolher um gênero. Fazer drag me permitia ser um pouco dos dois, nenhum dos dois ou ambos.

Todos na cena boêmia de Atlanta faziam alguma forma de drag, mas nada daquilo era glamoroso. Usávamos roupas de brechó, coturnos e batom borrado. Pintávamos bigodes e sobrancelhas, colávamos pedaços de plástico no rosto e rabiscávamos os braços, qualquer coisa que nos posicionasse o mais distante possível do que era considerado normal. Fazer drag era zombar do mito sagrado da identidade e de todas as expectativas sociais que vinham junto com ele. Aquele ato de rebeldia era uma aliança tácita que nos unia. Num sistema em que tudo precisava ser uma coisa ou outra, fazer drag era tudo e, por isso, mágico.

As forças opostas que eu sentia com mais intensidade eram meu otimismo e meu ceticismo, dois lados que coexistiam dentro de mim. Às vezes, sentia aquele pessimismo tomando conta de meu ser, saindo do esconderijo em que eu o enfiara, e eu sabia que era a mesma coisa que consumira minha mãe depois que meu pai fora embora. Foram sua amargura e negatividade que a tornaram famosa na vizinhança. Eu sabia que, se mostrasse aquele meu lado a alguém, seria abandonado. A única opção era reprimir, jogar aquilo para debaixo do tapete e escolher me divertir, e foi o que fiz. Assim como em minha infância, eu transformava tudo em entretenimento se isso aliviasse o clima. Eu dançaria e cantaria até ficar exausto se fosse para fazer alguém sorrir. Queria fazer isso pelo mundo inteiro, arrancar risadas, cativar as pessoas, mas principalmente por quem eu amava, como fazia com minha mãe.

E eu realmente amava Mark, embora não soubesse exatamente o porquê. Foi paixão à primeira vista. No momento em que nossos joelhos se tocaram naquele dia no parque, brotou uma energia simbiótica entre nós, uma eletricidade que viajava entre nossos corpos. Senti algo bom, era como se fosse para ser. Por que ele que se sentou naquele banco e não Floyd ou Anna? Eu não sabia explicar, mas acreditava que ele chamou por mim quando saí de meu apartamento naquele dia depois de usar LSD, que nossas frequências estavam procurando uma à outra nas ondas de rádio, um chamado tão nítido que fui me sentar bem ao lado dele.

Ficou implícito para mim que Mark estava travando uma batalha interna: de um lado, a parte dele que era como o pai — firme, estoico, masculino —; de outro, a mulher que vivia dentro dele e era como a mãe — uma mulher sulista amável e tradicional, uma pessoa gentil, mesmo que alimentasse a dinâmica tóxica que Mark dissera existir entre os pais. Eu a via nele quando ria espontaneamente ou quando fumava um cigarro, tão feminino e delicado — *Existe uma mulher ali dentro!* E então ela desaparecia, substituída pelo homem que ele era, o outro lado da mesma moeda. Observá-lo moldando-se dessa forma, de homem para mulher, era um lembrete de que somos multitudinários, de que há muito dentro de nós. Eu também tinha isso, o carisma fácil de meu pai e a amargura de minha mãe, mas quando Mark se tornou distante descobri que eu não era minha mãe, e sim o garotinho na sala de estar que só queria fazê-la rir.

Se a mais fundamental das dualidades é o amor e o medo, esse era o cerne da questão: eu amava Mark, mas também tinha medo de perdê-lo.

No outono, Mark e eu viajamos de carro até Nova York para ver a Now Explosion, banda de nossos amigos, composta por Larry Tee, Lahoma, Elouise Montague, Clare Parker e Russ Trent, que se apresentava como Lisette. Eles seguiam a tradição dos B-52s, ou seja, eram new wave, embora fossem mais rudimentares na abordagem. Larry sabia tocar violão, mas o tecladista não era tão bom, o que fazia da banda mais um grupo de garagem do que algo profissional. Eles usavam roupas de brechó e perucas emaranhadas, os meninos se vestiam de menina e vice-versa. Às vezes, Lahoma se vestia de Jesus Cristo e carregava uma enorme cruz nas costas.

Eu também já vira Larry se apresentar em uma banda chamada Fans, quando eles tocavam no 688 Club. Prestei atenção nele porque ele era bonito e também porque o via acompanhando o ritmo com os lábios, movendo a boca junto com a música enquanto tocava guitarra. Naquela primavera conheci Lahoma, cujo nome verdadeiro era Jon. Eu estava na casa de Dick Richards, que ficava em Inman Park. Se o apartamento de James representava a cafonice heterossexual com uniformes de basquete para todos os lados, a casa de Dick, um artesão dos anos 1930, com varanda telada, escadas de madeira e cômodos cheios de bugigangas, era o auge da cafonice gay. Ficávamos lá de vez em quando, usando drogas e ouvindo discos.

Eu já vira Lahoma antes num festival, quando me apresentei. No começo, ele parecia fechado, mas acabou se abrindo. Depois do festival, voltei para a casa de Dick e fui fazer o papel de DJ, tocando discos da Motown e botando todos na pista para dançar com músicas como "When the Lovelight Starts Shining Through His Eyes", das Supremes.

Larry, Lahoma e eu nos tornamos amigos e, quando convidaram a mim e às U-Hauls para ir até Nova York e subir ao palco com eles, aceitei logo de cara.

O surgimento da contracultura no centro de Nova York nos anos 1960 levou a um período mais sombrio nos anos 1970. No fim daquela década, a cidade de Nova York estava à beira da falência. Havia apagões, greves de coleta de lixo, ratos por toda parte e assaltos. Mas isso fez surgir uma camaradagem implícita compartilhada entre nova-iorquinos, a compreensão de que todos estavam juntos no mesmo barco; era uma mentalidade de turba, mas não para causar tumulto, e sim para ajudar uns aos outros. Sobreviver em meio a toda aquela destruição e decadência, tão resilientes quanto baratas, era algo admirável.

Daquele momento de trevas nasceu um dos períodos criativos mais vibrantes da história da cidade de Nova York. Com o declínio da discoteca e o surgimento da new wave, a experiência de Warhol ainda era sentida nos bares e boates que lotavam o centro de Manhattan. Mesmo do ponto de vista de Atlanta, todos nós sabíamos que Nova York era um centro de convergência cultural: eram muitas pessoas, ideias e influências se cruzando naquela pequena ilha onde tudo era possível.

Só tinha estado lá uma vez, em 1980, quando Renetta e eu fomos pegar um carro para Gerald em Nova Jersey e depois encontramos Simone, uma amiga dela, em Manhattan. Na ocasião, jantamos em um restaurante chamado Nirvana e depois pisei em cocô de cachorro na rua: uma justaposição que resumia Nova York perfeitamente. Mas ir com meus amigos e meu namorado, após anos, era diferente. Gina alugou um carro compacto vermelho-tomate com seu cartão de crédito e Chrissy, Mark e eu seguimos pela I-85. Foi uma viagem cansativa, chegamos exaustos ao evento.

O Pyramid Club ficava na Avenue A, no East Village. Embora tivesse fachada estreita e apenas uma porta, que servia tanto de entrada quanto de saída, o bar era muito comprido. Um balcão de bebidas igualmente comprido corria paralelo à entrada e logo depois havia uma máquina de gelo, ao lado da qual se via uma porta que levava a um pequeno lounge no subsolo. Seguindo pelo corredor, via-se uma pista de dança com uma cabine de DJ no canto e, mais à frente, um pequeno palco com uma escada em espiral do lado direito, que conduzia a um camarim dourado.

O Pyramid não passava de uma espelunca antes de ser descoberto por um grupo de drag queens e se tornar o *point* da cena nova-iorquina, o lugar onde as culturas boêmia, punk, queer e new wave se encontravam no início dos anos 1980. O lugar era apertado e tinha forte cheiro de mofo, cerveja barata e cigarro. Subimos ao palco ao lado da Now Explosion, dançando e tocando pandeiros, dando chutes no ar e interagindo com a pista de dança lotada. Todos ali eram semelhantes, crias de Warhol e Bowie. A linguagem corporal e o guarda-roupa os denunciavam.

A Avenue A fora colonizada, mas era o mais longe que se podia ir; qualquer lugar depois disso era considerado perigoso demais. Aqueles garotos, com suas correntes, jaquetas de couro pretas e jeans pretos, estavam na linha de frente do rock 'n' roll pelo simples fato de estarem ali na Avenue A. Mesmo que fosse apenas pose, eles inegavelmente eram a turma descolada.

Estar no palco em uma boate suja em Nova York não era exatamente uma sensação eletrizante; parecia mais uma fase necessária. Eu sabia que era o começo de algo, um novo capítulo em minha jornada. Ao sair da boate naquela noite, notei que havia pôsteres de diferentes artistas musicais por toda parte — em prédios abandonados, em andaimes, nas paredes. Descobri mais tarde que eram chamados de *snipes*, mas nunca os vira em Atlanta. Isso me pareceu uma oportunidade perdida. Afinal de contas, qualquer garota espertinha sabe: propaganda é a alma do negócio.

Em outubro, Mark e eu topamos levar dois carros de Atlanta para Phoenix. Uma amiga de Renetta que morava na Greentree Trail estava se mudando para Scottsdale e precisava que seus carros, um Ford Bronco e um Mercedes, fossem transportados para lá. Dirigimos um veículo cada um e paramos num hotelzinho no caminho. Mark tinha ficado sem cuecas limpas, então estava usando uma sunga preta.

Deitado ao lado dele na cama, eu sentia que alguma coisa tinha mudado, embora não soubesse o quê. A frieza que eu sempre vira entre meus pais se instalara entre nós. O garoto divertido que ele fora até então, que ia assistir a *The Rocky Horror Picture Show*, se maquiava e dançava, havia sumido.

— Anda! Vamos colocar salto alto e peruca, passar pelo *drive-thru* do Crystal's e pedir dezoito hambúrgueres fazendo sotaque mexicano! — propunha eu.

Mas então ele me afastava, e isso me deixava irritado. Afinal, como ele poderia não querer fazer aquelas coisas? Por que se recusaria a se divertir comigo? Eu tinha acabado de sugerir a coisa mais legal do mundo.

Anos mais tarde, entendi que minha reação tinha tudo a ver com a dinâmica que tive com meu pai. Não havia nada que eu pudesse ter feito para que meu pai me notasse e, da mesma forma, não havia nada que eu poderia fazer para que Mark voltasse a ser brincalhão. Não ser o tipo de pessoa pelo qual um homem estaria disposto a arriscar tudo, a ficar a meu lado, me entristecia muitíssimo. A maioria dos homens e das mulheres expressava poder de maneiras que tinham a ver com a binariedade por trás de tudo: para os homens, eram demonstrações de dominação, força e virilidade; para as mulheres, era sexualidade, prazer e feminilidade. Entendi desde pequeno, quando as crianças do bairro começaram a me chamar de bichinha e quando meu pai me deixou esperando em frente a nossa casa, que eu não tinha nenhuma dessas duas formas de poder.

A viagem para Phoenix foi o começo do fim. Em meados de dezembro, estávamos brigando sem parar, numa dinâmica terrível em que eu queria fazer coisas divertidas e ele ficava irritado comigo. Eu também me irritava com a deslealdade, real ou imaginada, e isso se tornou um grande conflito: eu o acusava de olhar para outra pessoa, depois o enchia de perguntas para saber se ele ainda gostava de mim, das quais ele se esquivava. Eu fazia planos para passarmos tempo juntos e ele me ignorava. Mark estava diferente, e toda vez que eu perguntava o motivo, ele se fechava.

Tudo era motivo de briga, e acabamos nos transformando em meus pais — ou nos dele, que eu sabia que também viviam brigando. Eu sentia que havia um monstro dentro de mim tentando se libertar, uma força misteriosa e maligna cheia de obsessão, raiva e ciúme. Ver meus pais brigando por tantos anos me fez assimilar aqueles comportamentos.

Certo dia, estávamos bebendo no estacionamento da igreja na rua arborizada onde tínhamos nos conhecido. Fazia frio, Mark estava com as bochechas vermelhas. Eu estava com raiva dele como sempre, por ser meu pai e por não ser meu pai, além de outra centena de motivos.

— Você é um filho da puta — xinguei.

Então levei um tapa na cara. Ele me bateu com a mão espalmada, tão forte que vi estrelas. Olhei para ele, em choque. Naquele momento, ouvi as palavras de minha mãe em minha cabeça: *Se um homem bater em você uma vez que seja, ele vai fazer isso de novo. Então vá embora. Não olhe para trás.*

Ela tinha razão. Estivera certa sobre tudo o tempo todo.

Anos mais tarde, ouço a voz de minha mãe ao reviver aquele momento.

Como você pôde ser tão idiota? Minha mãe não suportava pessoas idiotas e suas fraquezas. Foi essa fragilidade humana que permitiu que ela sucumbisse aos encantos de meu pai, e ela odiava tanto essa fragilidade, que tentou sufocá-la quando a viu florescer em mim durante a infância — o sentimentalismo, a tendência ao romantismo. "Você é sensível demais e rumina muito as coisas." Minha mãe testemunhara isso em mim e me alertara sobre os perigos de ser desse jeito. Eu jamais esqueceria. Por muito tempo, acreditei em minha mãe. Vi essa parte de mim, a parte que se apaixonou por Mark, acreditar na fantasia de que ele era bom para mim quando nossos joelhos se tocaram no parque. Eu me odiei por permitir que esse meu lado assumisse o controle. O medo fez com que eu me agarrasse a Mark: o medo de ficar sozinho, o medo de que ninguém mais me visse como alguém que merecia ser amado, o medo de que meu pai estivesse feito certo em me deixar esperando tantos anos antes. Aquele medo me aterrorizava, era uma vulnerabilidade humana que me fazia querer pertencer a outra pessoa. E isso me tornava fraco, coisa da qual me envergonhava. Odiava essa parte de mim, achava que precisava rejeitá-la para ser mais parecido com minha mãe, que não pertencia a ninguém além dela mesma.

Mas então eu me transformo. Eu me abrando. Retorno para a casa dos significados ocultos e procuro por algo novo. Faço a mim mesmo perguntas diferentes.

E se não fosse do jeito que foi?

E se eu estivesse errado o tempo todo?

E se tiver sido amor, o outro lado dessa dualidade, e não medo, que fez com que eu buscasse por Mark à noite num quarto de hotel no Novo México, numa pista de dança no East Village, num dia ensolarado no Piedmont Park com uma música disco tocando e nossos joelhos se tocando?

E se, na verdade, não tivesse sido idiota de minha parte esperar naquela varanda, crente de que o próximo carro a aparecer seria o de meu pai?

E se esse não fosse meu pior instinto, mas o melhor de todos?

E se isso, essa necessidade de amar, fosse a melhor coisa em mim?

Há coisas misteriosas que existem além de uma ideia de dualidade, presas num lugar intermediário, transcendente. E era exatamente o que acontecia naquela situação. Eu bebera do cálice da tristeza de minha mãe — ela só estava tentando me proteger, mas sua proteção nasceu da dualidade mais profunda de todas: o medo mais terrível e o amor mais verdadeiro.

Não era um ou outro.

Eram os dois.

———

No dia seguinte, Mark se mudou.

Guardei a primeira foto que tirei dele. Na imagem, ele está com 18 anos, lindo. É tanto um garoto quanto uma garota, e a maquiagem que fiz em seu rosto é exagerada como uma pintura de guerra.

Levei comigo para Atlanta as lições que aprendi em Nova York. Fiz um pôster com uma foto minha e um slogan que criei e me agradou. Um amigo meu chamado Nick, que trabalhava em um escritório onde havia uma máquina de xerox, dissera que eu poderia usá-la. Então fui até lá e fiz centenas de cópias do pôster, depois colei todos pela cidade.

Neles se lia RuPaul é tudo e mais um pouco.

SETE

Snipe

"Ser puramente objetificado na hierarquia sexual, visto como alguém genuinamente sexy em vez de ser colocado de escanteio, foi uma sensação surpreendente depois de ter sido privado disso por tanto tempo."

Há uma história em minha família que é a seguinte: quando minha mãe estava grávida de mim, fez uma sessão com uma vidente, que disse que o bebê era menino e seria famoso. Com isso em mente, minha mãe me deu o nome de RuPaul, porque, segundo ela, "não vai existir nenhum outro filho da puta no mundo com um nome desse". A fama, para mim, era mais uma predestinação do que um sonho.

Cresci fascinado pelas estrelas da televisão, mas sempre esteve bem nítido para mim que nem todas as pessoas talentosas conseguiam um espaço na indústria do entretenimento, fossem cantores, atores, dançarinos ou multiartistas. Os que conseguiam pareciam ter um algo a mais, para além do talento. Consumidores sempre buscam algo exclusivo num produto, que ele ofereça mais do que a coisa em si, independentemente de sua utilidade. Querem uma nova forma de se expressar, um estilo de vida, uma estética que combine com o que estão comprando. Hoje em dia, chamamos isso de marca.

Diana Ross tirava isso de letra. Era difícil desgrudar os olhos dela porque ela simplesmente tinha algo especial. É óbvio que ela era uma cantora extraordinária, uma artista cativante e uma atriz brilhante, mas também era mais do que isso. No auge da fama, ela foi muito importante para mim, assim como para outras tantas pessoas negras, por representar a mensagem que queríamos passar na cultura pop da época: *Brancos, vocês não precisam ter medo de nós. Podemos ser tudo que vocês são e muito mais.* Isso nunca foi dito, mas estava implícito. Diana Ross era a mudança de um paradigma secular associado às pessoas negras. Ela era muito amada e bem-vinda em qualquer lugar dos Estados Unidos.

Depois veio a Cher, com toda a sua rebeldia. O talento de Cher é imenso, mas sua personalidade foi o que me fez amá-la. Eu via que ela não agia da mesma forma que outras mulheres, que eram movidas pela atenção masculina. Ela tinha uma expressão impassível, parecia pouco impressionada com tudo ao redor de uma forma que, para mim, era admirável.

Por volta dos 13 anos, me tornei discípulo de David Bowie. Como acontecia com Cher, por mais excepcional que fosse o talento dele, era a forma como se portava que eu achava revolucionária. Bowie nunca pareceu dar muita importância ao fato de que tudo que fazia era estranho e transgressor; suas ações eram descontraídas, casuais, feitas com uma leveza que era modelo para todo jovem que se aventurava a sair da caixinha.

Duas bandas originadas na cena artística de Atlanta também estouraram: os B-52s, que faziam um som de garagem que era um tipo de releitura pós-moderna e warholiana da música pop — tinha a vibe da Motown sem a musicalidade pura da coisa —, e o R.E.M, que para mim fazia um som equivalente a um choro entalado na garganta, com músicas que davam voz às dores de garotos brancos do subúrbio. Todos esses artistas provaram, sem sombra de dúvida, que a cena em Atlanta poderia produzir estrelas internacionais. Só era preciso um pouco de autoconfiança.

Mark tinha partido meu coração, e isso me deixou arrasado pelos quatro anos seguintes. Com o tempo, acabei enxergando o fim do relacionamento como a dádiva que era, mas na época foi um golpe em meu amor-próprio. Se eu tivesse sido suficiente para Mark, o único objeto de seu desejo, talvez isso me distraísse e destruísse minha ambição. Talvez eu tivesse definhado ou me autodestruído naquele relacionamento se houvesse permitido que meus impulsos passionais me fizessem perder o foco do caminho que eu havia traçado, mas isso não aconteceu.

Isso não quer dizer que, depois do término com Mark, eu não tenha tido algumas recaídas. Ele havia voltado para Athens, a cerca de oitenta quilômetros de Atlanta, para morar com o melhor amigo, que estava estudando na Universidade da Geórgia. Certa vez, fui de carro até Athens para pegá-lo e fomos comer alguma coisa e discutir a possibilidade de reconciliação. Estávamos dentro do carro voltando para Athens, já a uns dezesseis quilômetros de Atlanta, quando perguntei a Mark se ele queria transar.

— Quero — respondeu ele.

Peguei um retorno na rodovia com meu Ford Granada amarelo e acelerei de volta para o apartamento. Eu sabia que o que tínhamos já havia acabado, mas dormir juntos uma última vez só evidenciou isso.

Minha amiga Clare, da Now Explosion, também estava passando por uma decepção amorosa, mas por Michael Stipe, o vocalista do R.E.M. Um dia dirigimos até Athens planejando espionar tanto ele quanto Mark, os causadores de nosso sofrimento, ou talvez tenha sido apenas para alimentar nossa dor de cotovelo juntos. Mas mesmo para Clare, que estava numa situação parecida, eu não conseguia falar sobre a dimensão de minha dor. Na direção de elenco do mundo, eu seria visto como um alienígena, um bobo da corte, um esquisitão que não transa, não o protagonista de um romance capaz de ser ferido tão profundamente quanto eu havia sido.

No entanto, eu era visto como alguém exótico e singular, diferente de tudo e de todos, mesmo em nosso grupo de desajustados. Quando Mark e eu começamos a sair, todos os nossos amigos entenderam o que estava acontecendo e por que, mas acho que ninguém ficou surpreso com o desfecho. Por mais constrangedor que fosse admitir, era como se aquilo fosse uma tragédia anunciada. Como algo do tipo poderia dar certo entre duas pessoas como *nós*? Eu era diferente demais para me encaixar na dinâmica romântica convencional. Não porque ninguém me desejava, mas porque parecia existir um campo de força a meu redor que fazia com que eu fosse visto como algo diferente, fora da hierarquia sexual na qual todos pareciam se situar.

Seria preciso uma vida inteira para superar a dor de não ser visto como alguém merecedor desse tipo de atenção romântica. À época, eu sabia apenas que poderia usar aquilo como combustível para correr atrás de meu destino, que era, óbvio, a fama. Então, até que o mundo se reorganizasse para reconhecer meu talento, eu faria a única coisa que estava a meu alcance: agiria como se já fosse famoso.

Afinal de contas, era óbvio que eu era uma estrela. Até a vidente previra isso. E o que estrelas fazem? Criam projetos para si mesmas. Nenhum telefonema de Hollywood? Faça seu próprio filme. Produza conteúdo no qual você seja a estrela. Monte uma banda, desenhe suas roupas, escreva seus livros. Crie seu próprio negócio. Construa seu império. Seja seu próprio ídolo.

Na noite de Ano-Novo, eu estava em uma boate quando um rapaz veio falar comigo. Ele se chamava Robert, era muito atraente e tinha cabelos escuros e uma postura autoritária, parecia uma versão jovem de Matt Dillon.

— Estudo na Northside — contou ele. — Acompanho você há um tempo.

É óbvio que fiquei lisonjeado. Aquilo só confirmava que meu plano de fazer carreira estava dando certo.

— Vi você se apresentar ano passado em um clube de comediantes, o Punchline.

— Nossa, foi horrível! — exclamei, mortificado.

E de fato tinha sido. Foi antes de eu descobrir o *The American Music Show*. Vi num jornal local que o Punchline teria uma noite de palco livre e decidi apresentar um stand-up, se é que dava para chamar assim; basicamente falei sem parar. Estava morrendo de vergonha e mesmo antes de subir ao palco sabia que seria ruim, mas aquela decisão fazia parte de minha filosofia de vida: *Vá e faça de uma vez*.

— A gente podia montar uma banda — disse ele. — Eu toco baixo e meu amigo Timothy toca guitarra.

Uma semana depois, ele me convidou para ir à casa de Timothy, que ficava perto de Peachtree Battle, para tocar e compor. Timothy tinha pele clara, era loiro e gordinho e se preocupava muito com o próprio peso. Ele falava de forma tão mansa que mal conseguia se fazer ouvir, mas eu gostava dele. Éramos fãs da Now Explosion e ensaiávamos de acordo com a tradição informal e bagunçada deles. Parecia haver química entre nós, e assim nasceu a banda. Robert via tudo de modo muito casual.

— Se a banda não der certo depois de um ano, é melhor cada um seguir o próprio caminho e tentar outras coisas — dizia ele, despreocupado.

No sofá da mãe de Timothy havia uma almofada longa e cilíndrica que se parecia com uma barra de pole dance. Inspirado nela, sugeri que o nome de nossa banda fosse

Wee Wee Pole. Sonoramente, lembrava um pouco Bow Wow Wow, minha banda favorita na época, que fazia um som parecido. Assim como o nome RuPaul and the U-Hauls, aquele era bobo. RuPaul and the U-Hauls fora uma atração para animar os shows da Now Explosion e fazer *lip-sync* no *The American Music Show*, mas decidi que aquela nova banda seria *real*. Com a Wee Wee Pole eu finalmente entraria para o mundo da música.

Algum tempo depois, em janeiro, alguém bateu à minha porta de manhã cedinho. Era Floyd, abraçado a Jon, um garoto que conhecemos no Bistro Nightclub um mês antes — que eu adorava tratar por pronomes femininos, menos por insistência dela e mais por irreverência gay.

Eu a conheci pouco antes do Natal. Estávamos atravessando a rua com um grupinho de amigos e Jon disse algo tão sagaz e engraçado que me fez gargalhar e encará-la, chocado. Ela tinha 19 anos e era muito branca e loira, tão loira que até seus cílios eram claros. Além disso, havia acabado de se mudar de Chattanooga para Atlanta e era amiga de Cheryl, uma garota que eu conhecia. Jon disse que voltaria para Chattanooga no Natal, e eu me lembro de pensar: *Que pena que ela tem que ir embora, adoro essa mulher!*

E ali estava ela, apenas algumas semanas depois, de braços dados com Floyd.

— Estamos namorando — contou Floyd.

Olhei para os dois, admirado.

— *Vocês dois?*

Eles assentiram, entusiasmados. Suspeitei que tinham transado na noite anterior e aproveitado o bom humor para me fazer uma visitinha. O relacionamento não durou mais do que uma semana, mas cimentou minha amizade com Jon, que depois seria chamada por um nome mais formal: Bunny Hickory Dickory Dock, ou Lady Bunny. Nós nos tornamos inseparáveis em um piscar de olhos.

Andávamos para cima e para baixo na Peachtree Street em busca de diversão, qualquer coisa que pintasse na área. Naquela época, o centro da cidade era como a peça *Camino Real*, de Tennessee Williams, da qual eu participara em Northside: um desfile de prostitutas, traficantes, gays e qualquer outro grupo que não se encaixasse na sociedade convencional de Atlanta. Andávamos juntos cantando nossas músicas favoritas: "Can't Fake the Feeling", de Geraldine Hunt, ou "I Don't Wanna Lose Your Love", do The Emotions. Rebolávamos pela rua pedindo para ver o pau de todo rapaz que passava por nós — e raramente funcionava.

Certa madrugada, num posto de gasolina na esquina da Eighth com a Peachtree, vimos um Cadillac 1954 deixado aberto por um mecânico que o abandonara no meio do conserto. Arranjamos um rapaz negro e nos enfiamos lá dentro com ele, nos revezando para dar uns amassos. Descobri que Bunny tinha uma quedinha por homens negros. Se bem me lembro, Floyd deve ter sido o último homem branco com quem ela esteve. Mas, assim como eu, ela também adorava cantoras negras: Patti LaBelle, Chaka Khan e Stephanie Mills. E era muito inteligente. Seu pai era acadêmico da Fulbright, e por isso eles já tinham morado em várias partes do mundo. Havia um pouco de amargura nela também, algo resultante de ser inteligente e demorar para encontrar pessoas que a compreendessem, mas, apesar disso, ela era uma ótima companhia e muito divertida. Entendia o quanto o mundo era hilário. E por isso eu a considerava uma irmã de alma.

Uma garota rica que conhecíamos, Carla, tinha receita para um remédio de dormir chamado Placidyl, que era forte a ponto de sedar um elefante. Conseguíamos o remédio com ela em uma boate chamada Weekends, tomávamos e entrávamos em um estado de transe que levava dias para passar. Houve uma vez que tomamos e acordamos dias depois na casa de Dolores French, uma renomada profissional do sexo que se mobilizara para sindicalizar a prostituição fazendo protestos na prefeitura. *Como viemos parar aqui?*, nos perguntamos. *O que aconteceu ontem à noite?* Saímos e fomos até a loja de conveniência Starvin Marvin para comprar uma Coca-Cola de café da manhã. Essas eram nossas aventuras, dia após dia, apenas esperando pelo dia da semana em que conseguiríamos entrar num bar de drags chamado Illusions por 2 dólares para assistir à apresentação Monday Madness.

Preciso pontuar que, no sudeste dos Estados Unidos, Atlanta era o paraíso das drags. Havia drag queens na Flórida e em Houston, mas todas as drag queens tradicionais se apresentavam em Atlanta. Muitas delas, embora não todas, eram mulheres trans. O objetivo era ter a aparência e os modos de uma mulher, com sinceridade total. A maioria delas eram do estilo Miss, com vestidos brilhantes e penteados de rainha do baile. Nós, o grupo punk que passara a ser da new wave, estávamos em outra vibe. Nosso objetivo era não levar nada daquilo a sério. Alguns chamariam o que estávamos fazendo de *genderfuck*, algo que nasceu de um desejo de explodir deliberadamente as expectativas de estilo de gênero. A cena drag, uma geração antes da nossa, teria olhado para nós e pensado: *Que bonitinho da parte deles*. Mas nunca fomos levados a sério e nem queríamos ser.

No Illusions, havia apresentações de dublagem. Cada drag fazia *lip-sync* de músicas que eram parte de seu repertório, geralmente músicas exclusivas delas e pelas quais eram conhecidas. Ainda me lembro dos nomes das garotas que íamos ver naquela época. Chena Black, Dina Jacobs, Tina Devore, Yetiva Antoinette, Erica Adams, Lily White. As garotas mais jovens apresentavam apenas os sucessos da época, mas a maior estrela era Charlie Brown, uma garota branca que sempre interpretava Millie Jackson, especificamente sua versão de "(If Loving You Is Wrong) I Don't Want to Be Right". A versão ao vivo da música tinha um trecho falado engraçadíssimo que Charlie sabia fazer muito bem. Bunny adorava uma queen de Chattanooga, sua cidade natal, chamada Tasha Khan. Montei Bunny pela primeira vez no 688 Club, para um concurso de fantasias de Boy George que ela acabou vencendo. De drag, ficava parecendo um pouco com Dusty Springfield, que ela idolatrava desde a época em que passara um tempo morando no Reino Unido.

Íamos assistir ao show de drags e rolávamos de rir, dávamos um jeito de nos drogar e desfilávamos para cima e para baixo na Peachtree. Era assim que vivíamos. E fazíamos qualquer coisa para nos divertir.

Quando a primavera estava chegando, Robert, meu colega de banda na Wee Wee Pole, me disse que uma garota da sala dele em Northside, Deborah Kampmeier, queria que eu fosse ao baile de formatura com ela. Todos os rapazes da escola eram muito chatos, segundo ela, e, em contrapartida, um rapaz que tinha abandonado os estudos e estava dando o que falar na cena boêmia de Atlanta era *muito* interessante. Aceitei na mesma hora, já que larguei a escola antes de ter a chance de ir a meu próprio baile de formatura.

Havia acabado de conhecer umas strippers que me deram o que eu acreditava ser uma roupa fabulosa: um casaco que ia até o quadril e calças de cetim listradas. Então foi o que usei no baile, além de coturnos pretos com sola emborrachada amarela e um enorme adereço na lapela preso com um alfinete.

Muitos garotos estavam fazendo o estilo gótico e melancólico que eu achava forçado e sério demais. Não queria ficar me lamentando, queria me divertir. Queria risadas, cores e música. Não fazia sentido para mim se esforçar para parecer perpetuamente mal-humorado como os góticos faziam, acreditando que isso os tornaria mais interessantes. Eu não tinha dúvidas de que já era interessante.

E as multidões que começaram a aparecer para ver a Wee Wee Pole ao vivo apenas confirmavam isso. Abrimos um show da Now Explosion e depois chamamos um percussionista para tocar, um cara chamado David Klimchak. Logo estávamos tocando em todas as casas noturnas de Atlanta, depois em Birmingham, em Athens e até mesmo em uma casa noturna na Carolina do Sul. Mas eu estava de olho em algo maior, não apenas em me tornar uma estrela do rock. Queria seguir a tradição de Warhol, que criara um universo inteiro. Era esse meu objetivo.

Embora toda a cena alternativa de Atlanta girasse em torno do *The American Music Show*, as pessoas expressavam criatividade de modo fenomenal fora das gravações também. Lahoma e eu adorávamos um filme para televisão chamado *Trilogia do terror* e estrelado por Karen Black, no qual ela é perseguida pela boneca fetichista Zuni. Então decidimos filmar nossa própria versão. Em nosso filme, eu seria perseguido por uma estátua do Blue Boy, o garoto da pintura famosa de Thomas Gainsborough. Aquela foi a primeira vez que usei minha própria peruca, embora, na verdade, fossem duas perucas. Havia ganhado ambas de Clare Parker, da Now Explosion. Ela tinha uma coleção de perucas e eu coloquei duas na cabeça para criar o que eu considerava meu estilo característico. O fato de elas não serem emprestadas, mas minhas, de eu poder levá-las para casa quando terminássemos, isso era muito importante para mim.

Além do mais, Tom Zarilli me convidou para estrelar *The Wild Thing*, uma versão do filme de François Truffaut, *O garoto selvagem*, no qual eu contracenaria com Lady Bunny. Para isso, usamos o VHR de Gerald, com o mesmo sistema de bateria que era usado para gravar o *The American Music Show*, editando em tempo real durante a filmagem. Quando estavam prontos, exibíamos nossos filmes no *The American Music Show* ou os levávamos para o 688 Club ou para o Bistro, anunciando nossa "estreia mundial" e, como todos os bares da época tinham TV desde o advento da MTV, os reproduzíamos pelo videocassete.

Além de minha "carreira cinematográfica" em ascensão, continuei a aparecer no *The American Music Show* e no *Dance-O-Rama USA*, que era como uma nova onda do *American Bandstand*. Eu ensinava uma dança tipo o cha-cha usando uma blusa de babados e tênis de basquete. Tudo isso me proporcionou oportunidades para aprimorar habilidades das quais eu precisaria para minha carreira no setor de entretenimento: fazer peças e esquetes, desenvolver uma personalidade na tela e ficar à vontade em frente à câmera.

Obviamente, eu também precisava acelerar as coisas no aspecto publicitário, então Nick, que conheci na South Fulton, o mesmo amigo que me deixou usar a xerox para imprimir pôsteres que eu penduraria por toda a cidade, me deixou usá-la outra vez para imprimir livretos que eu escrevera. Eram basicamente recortes de revistas e colagens com dizeres curtos. Cada um tinha cerca de 22 páginas, frente e verso. O primeiro se chamava *If You Love Me, Give It to Me!*. Depois acrescentei um apêndice e fiz uma segunda tiragem, que também pode ser chamada de edição revisada. A edição foi intitulada *If You Love Me, Give It to Me — One More Time!*.

O verdadeiro sinal de sucesso, no entanto, seria tocar em um mercado maior do que Atlanta, como a Now Explosion fizera quando tocou em Nova York. No fim dos anos 1970, a banda Joy Division surgira como a favorita da new wave. O vocalista, Ian Curtis, cometera suicídio em 1980 e os outros membros formaram o grupo New Order. Durante a turnê, eles passaram por Atlanta. Larry Tee, que tinha muitos contatos, deu uma festa para eles no quintal de casa. Lá, fui apresentado a uma mulher chamada Ruth Polsky, de cabelos encaracolados e com um penteado diferente e moderno, de quem gostei logo de cara. Ela era responsável pela agenda da Danceteria, outra casa noturna de Nova York que, como o Pyramid, recebia todos os artistas importantes da época. Ruth já era uma lenda — ela ajudou a consolidar o Duran Duran, The Smiths e o R.E.M. Apesar de termos conversado por apenas um minuto, percebi que ela também gostou de mim.

— Se você for para Nova York, coloco você na agenda — disse ela.

Robert, Timothy e eu estávamos ensaiando duas vezes por semana, compondo músicas e planejando nossa carreira.

Assim que nos encontramos, contei a eles sobre a oferta de Ruth e concordamos que tínhamos que agir. Aquela era uma oportunidade boa demais para deixá-la escapar. Então, algumas semanas depois, alugamos uma van e fomos para Nova York.

No ano anterior, quando eu fora com Mark e as U-Hauls para tocar no Pyramid, dormimos no carro. Dessa vez, nos hospedamos na casa de um amigo de um amigo de Robert, que concordou em nos deixar dormir lá por uma noite. Fizemos uma parada no apartamento que ficava na Seventh Avenue com a Thirty-Third Street, no Garment District, e depois fomos para a festa, que ficava na Twenty-First Street, entre a Fifth e a Sixth.

A Danceteria ocupava um edifício inteiro e tinha quatro andares, com direito a elevador. Cada andar tinha um DJ, como se fossem quatro boates em uma só. Ao entrar, sentia-se o inconfundível cheiro de cerveja e mofo que eu associava à vida noturna de Nova York. Aquela boate era mundialmente famosa e eu lera sobre ela em revistas como *Details* e *Interview*. Chegamos à tarde para fazer a passagem de som e eu me senti uma celebridade sem maquiagem.

Nosso show correu bem. Tocamos as músicas que compomos para uma casa lotada. A plateia estava mais racialmente diversa do que eu me lembrava de ter visto no Pyramid um ano antes. Havia uma energia leve e calorosa naquele público. No Village, quanto mais para o leste íamos, mais diversidade racial encontrávamos. Na Danceteria, havia cabelos coloridos, maquiagem de Siouxsie Sioux, garotas vestidas como Cyndi Lauper e garotos vestidos no estilo Duran Duran. Todos dançavam com alegria e exuberância, como se estivessem se divertindo muito. Ao contrário dos hipsters comedidos do

Pyramid, aquele era um público comercial, e eles nos adoraram ainda mais. Quando estávamos arrumando as coisas para ir embora, Ruth nos disse:

— Estamos de portas abertas para vocês.

Depois do show, triunfantes por termos conquistado Nova York e orgulhosos de nosso sucesso, fomos de van até a balsa de Staten Island e atravessamos o canal. Eu ainda estava usando minhas roupas da boate — sabe-se lá o que era, mas, considerando a época, devia ser jockstrap e tênis —, e então um bando de imbecis na balsa decidiu mexer comigo, para provar a própria masculinidade.

— Viado! — gritaram.

Geralmente eu não dava ouvidos para esse tipo de coisa, mas Robert deu. Ele avançou até os caras e disse:

— Quem vocês pensam que são?

Ele era uma presença bastante imponente, e os babacas se encolheram diante dele. Era bom ser protegido pelos meus, mesmo longe de casa.

O apartamento onde nós estávamos hospedados em Manhattan ficava no segundo andar e dava de frente para uma pizzaria. Timothy foi dormir enquanto Robert falava ao telefone com a namorada, vestindo apenas cueca branca. Seu corpo era lindo e Nova York também. Olhei para a paisagem urbana repleta de luzes neon e pensei: *Nunca se esqueça deste lugar.*

Naquele verão, fui despejado do apartamento na Charles Allen Drive, o que não foi nenhuma surpresa. Eu não pagava aluguel havia meses. Na verdade, desde dezembro, quando Mark tinha ido embora. Dick Richards disse que eu sempre seria bem-vindo na casa dele e eu sabia que sempre arranjaria um sofá aqui e ali onde dormir, mas muitas vezes acabava voltando para a casa de Renetta e Gerald, pelo menos uma noite por semana.

As coisas não andavam bem por lá. Gerald tinha um espírito empreendedor, mas sempre desistiu muito fácil das coisas. Ele gostava mais de fazer planos do que de executá-los. E percebi que ele havia perdido o rumo. Eu chegava em casa e o encontrava desmaiado no sofá, ou dormindo de cueca no chão com a língua para fora. Lembrava uma criança que não queria dormir na cama e teimava em ficar na sala com os adultos. A força vital de Gerald estava sendo drenada, pelas drogas ou por outras batalhas pessoais, nunca soube ao certo. Ele não conseguia mais convencer a si, muito menos a nós.

Renetta não falava comigo sobre os problemas de seu casamento, mas eu os ouvia discutindo.

— Por que diabos você colocou meu nome nisso, Gerald?

— gritava minha irmã, referindo-se a algum documento ou contrato enquanto os dois brigavam na cozinha.

No ano seguinte, eles decidiriam se separar.

Toda a empolgação por causa de minha carreira em ascensão acabou me distraindo do fato de que, para todos os efeitos, meu coração ainda estava partido. Eu estava saindo com um cara chamado Nate; ele era retinto, alto, bonito e bem country, e tão amável, que não me importava o fato de ele ser um profissional do sexo. Eu o levei para uma festa na casa de Clare cheia de gente alternativa e imediatamente percebi que tinha cometido um erro: ele se sentiu deslocado em meio a todas aquelas pessoas do mundo artístico e pareceu muito desconfortável.

Alguns amigos, como Floyd, falavam de encontros rápidos no Piedmont Park, o que me deixava morrendo de medo. Eu não estava interessado em sexo com desconhecidos. Teria que me esforçar muito para conseguir fazer esse tipo de coisa com alguém que só estava ali para uma foda rápida. Eu queria me envolver de verdade com quem me relacionava. Por razões que não conseguia explicar bem, eu estava com medo. Não apenas pela ameaça da aids, que surgiu nos noticiários no início de 1981 e instaurou pânico. Era dito que, ao fazer sexo sem proteção, você poderia pegar a doença. Assim, passou a ser comum ver preservativos e panfletos informativos sendo distribuídos nas boates. Foi assustador, ainda mais porque era uma ameaça iminente para a qual não havia cura, então o que deveríamos fazer? Fomos a protestos, conversamos sobre isso constantemente e nos divertimos como se não houvesse amanhã. Eu sabia que tinha muita sorte por não ter perdido mais amigos para a epidemia, isso sem falar da minha própria vida, considerando o quanto a aids estava devastando nossa comunidade. Mas meus medos com relação ao sexo iam além disso. Tinha receio do que aconteceria se eu realmente me deixasse levar e mergulhasse no reino da entrega total. Eu era tão diferente, parecia não ser deste mundo. Muito alto, negro, artístico e afeminado. Acreditava ser diferente demais para ser visto como alguém sexualmente desejável na hierarquia dos homens gays, e por isso era mais seguro me fechar em minha concha. Assim, uma coisa levou a outra: ao me recusar a permitir que eu fosse desejado, acabei por nunca ser. Era um ciclo, minha autonegação e a negação do mundo. Eu precisava de uma mudança de vida.

Minha drag sempre teve um visual Thunderdome apocalíptico e tribal influenciado por Boy George, com moicano e apliques de cabelo. Mas, quando me montei de forma feminina, algo mudou.

A Now Explosion estava fazendo um show com um tema de casamento e a Wee Wee Pole abriria para eles, então subi ao palco com um vestido de festa branco e rendado sem alças no estilo cintura justa do "New Look" da Dior. Estava usando sapatos de salto que eram pequenos demais para meus pés, peruca e maquiagem. Minha silhueta sinalizava que eu era uma mulher. Em minha mente, eu estava sendo rebelde e punk; eu era um homem negro de 1,93 metro, com peitoral e pernas cobertos de pelos, usando um vestido formal. Mesmo nos bastidores, senti uma mudança de energia. O modo como os homens me olhavam era feroz, quase agressiva. Foi a primeira vez que me lembro de sentir isso vindo dos homens. O mais próximo daquela sensação foi quando John Wayne me pegou no parque em San Diego, como se realmente me desejasse. Ser puramente objetificado na hierarquia sexual, visto como alguém genuinamente sexy em vez de ser colocado de escanteio, foi uma sensação surpreendente depois de ter sido privado disso por tanto tempo.

Finalmente estava sendo desejado sexualmente, mas quando vestido daquela forma. Eu fazia drag apenas para me divertir, mas de repente a brincadeira pareceu ficar séria.

Isto acontece com homens gays que são sexualmente invisíveis: ao se tornarem drags, de repente veem seus papéis serem estabelecidos — passam a ser algo que pode ser fetichizado. Pela primeira vez na vida, têm espaço dentro da hierarquia sexual.

Naquela época, minha drag ainda não era refinada. Era grosseira, punk rock e subversiva o suficiente para reforçar meu objetivo de ser diferente. Mas eu percebia que quanto mais sexy me sentia, mais os homens assistindo às performances me empoderavam.

De certa forma, era decepcionante compreender que as pessoas eram superficiais e podiam ser facilmente manipuladas. Em contrapartida, era um poder recém-descoberto. Queria voltar a me vestir de forma feminina o mais rápido possível para chocar toda a vizinhança.

Muitos homens gays procuram parceiros sexuais que sejam substitutos de seus pais ou uma réplica deles mesmos. Eu jamais seria o pai de alguém e muito menos encontraria alguém extremamente parecido comigo. Fazer drag foi a primeira pista de que havia um lugar onde eu poderia ditar as regras.

Em setembro, a Wee Wee Pole entrou em estúdio para gravar os primeiros *singles*. Um deles se chamava "Ernestine's Rap", que consistia em recitar algumas das frases mais marcantes de minha mãe enquanto Robert tocava baixo. O segundo era "In My Neighborhood", que eu considerava nosso grande sucesso, e "Tarzan".

Em novembro, a banda se desfez. Já se passara quase um ano e não tínhamos conseguido contrato com nenhuma gravadora, então, de acordo com o plano original de Robert, seguiríamos caminhos diferentes e tentaríamos algo novo.

Pouco tempo depois, eu estava em frente a um prédio no centro de Atlanta, na Tenth and Juniper, o prédio onde Floyd e Bunny moravam, fumando um cigarro, quando um carro passou. Percebi que o motorista estava me encarando.

— E aí! — cumprimentei-o.

Ele deu a volta e estacionou o carro. O rapaz era grego e tinha cabelos castanhos, era muito atraente e usava jeans branco bem justo. A partir dali, as coisas se desenrolaram depressa. Primeiro estávamos nos beijando na varanda, depois na escada do saguão. A próxima coisa de que me lembro é de estar em uma boate com ele, dançando. Ele simplesmente se infiltrou em nosso grupo. Como ele era agradável e bonito, era legal tê-lo por perto, então não me importei.

Da vez seguinte que o vi, ele estava de mãos dadas com Cheryl, uma garota de Chattanooga que era amiga de infância de Bunny. Ela morava no mesmo prédio onde nos vimos pela primeira vez. *Cheryl? Como assim?*, pensei.

Teve uma vez que ele foi ver Cheryl enquanto eu esperava por Floyd e Bunny, mas ela não estava em casa. Cheryl nunca trancava a porta, então entramos em seu apartamento para esperar por ela. Uma coisa levou a outra e acabamos transando na cama.

Depois que acabamos, olhei para ele.

— O que você está fazendo com ela, porra? — perguntei.

Ele deu de ombros, parecendo um pouco culpado.

— Você pode me estuprar se quiser — disse ele.

Naquele momento, compreendi a maneira que os homens lidavam com sexo, como eram profundamente ridículos e movidos pelo desejo carnal — como minha companhia, por exemplo, naquele momento. Como tudo isso era básico, aquela vida de preocupações mundanas e libidinosas.

Que patético, pensei.

Cheryl podia ficar com ele.

A cartomante estava certa.

O estrelato me aguardava.

OITO

Pyramid

"Eu sabia que nosso espetáculo seria um sucesso — era engraçado, otimista e cheio de glamour. Mas a recepção foi arrebatadora de uma forma que jamais havia sido."

Em janeiro, Floyd me deixou ficar em seu apartamento da Tenth and Juniper por uma semana. Fazia muito frio, e ele não tinha cama, então dormimos em toalhas e cobertores estendidos no chão. Embora nos conhecêssemos havia mais de um ano, aquela foi a primeira vez que passamos um tempo sozinhos, e esse período consolidou nossos laços. Eu sabia que Floyd era osso duro de roer, que podia ser possessivo e um pouco pirracento, mas naquele período conheci outro lado dele. Ele era, a seu modo, muito gentil e até mesmo carinhoso. Eu sempre buscava isso nas pessoas, esse aspecto vulnerável quando se olha para alguém e se percebe: *Ah, esse é o seu eu verdadeiro!*

Pouco tempo depois, o colega com quem Floyd e Bunny dividiam apartamento se mudou e o terceiro quarto do imóvel, um cômodo com varanda, ficou vago. Eu me virei para conseguir o dinheiro do aluguel e me mudei, e, desse momento em diante, nos tornamos inseparáveis.

Naquela época, nossa grande prioridade era ficarmos chapados, simples assim. Geralmente, começávamos com um baseado. Se alguém tivesse cocaína, LSD ou algo para bebericar, estávamos dentro, mas a maconha era nosso motivador. Alguém tinha maconha em casa? Estávamos a caminho!

Uma vez chapados, os eventos das horas restantes do dia se desenrolavam de um jeito fácil e preguiçoso. Na esquina, encontrávamos alguém que dizia:

— Estão distribuindo camisetas do Bob Seger no 96 Rock!

Como assim? Vamos direto para lá, não podemos perder tempo!

Ou íamos a um bar lésbico na Cheshire Bridge Road chamado Sports Page, onde havia eventos aos domingos e um bufê de comida de graça. À noite, sempre arranjávamos um evento; se ninguém estivesse se apresentando, usávamos LSD e caminhávamos pelo centro da cidade para entrar de graça no 688 Club, no Bistro ou na Weekends e dançar. Havia garotas trabalhando nas ruas, algumas delas transgênero, outras cisgênero. Conhecíamos todas. Uma trans chamada Cornisha torcia o nariz para nosso grupinho quando perambulávamos pela rua, mas era difícil nos evitar. O cafetão dela tinha acabado de sair da prisão e era muito atraente, como um Smokey Robinson jovem. Ele nos cumprimentava todas as noites quando passávamos por perto.

Será que é o véu da nostalgia que me faz ter saudade da diversão e da liberdade daquela época? Sempre me senti como uma banda de um homem só e sempre soube que sairia do ninho de minha família e trilharia meu caminho sozinho. Mas a sensação de fazer parte de algo, de pertencer, que antes era tão distante, passou a ser vital para mim. Sabíamos como nos divertir, e até mesmo enquanto vivíamos aquilo sabíamos o quanto era especial — e que não duraria para sempre. Também era diferente de estar só com Bunny. Ela era divertida, inteligente e tinha uma língua afiada, mas era muito cabeça-dura em suas convicções. Floyd, por sua vez, só queria curtir.

Como nós nos considerávamos artistas, nosso outro foco — além de usar drogas — era planejar algum tipo de apresentação, fosse uma abertura no Metroplex ou um número no Celebrity Club, que Larry Tee supervisionava. Todos que conhecíamos tinham uma banda ou pelo menos algum tipo de grupo artístico. O principal objetivo era construir carreira no *show business*, mesmo que a maioria das pessoas estivesse apenas seguindo o fluxo. Já tínhamos visto outras pessoas do meio ficarem milionárias com nada além de uma banda de garagem, então o que nos impedia de fazer o mesmo? Nesse ínterim, estávamos tentando fazer dinheiro para conseguir sobreviver, trabalhando em restaurantes ou no cinema cult no Ansley Mall — que foi o que fiz por um tempo, conferindo ingressos de gays e intelectuais que iam assistir a filmes da new wave francesa ou da vanguarda estadunidense. Algum aspirante a político tinha uma sede de campanha no Biltmore Hotel e contratou Floyd e Bunny para preparar envelopes em troca de alguns brindes; eles estavam desesperados e entediados, então aceitaram.

Durante o dia, se não estávamos cochilando um na casa do outro, andávamos juntos sem nenhum destino em específico. Ouvíamos música e conversávamos sobre o assunto. Bunny não gostava de David Bowie nem de Cher, mas adorava músicas disco tristes. Quanto mais retinto fosse o cantor, melhor. Floyd gostava de Bowie, como eu, mas também adorava os Cocteau Twins e Elton John. Quando o prédio do outro lado da rua pegou fogo, fomos vasculhar os destroços em busca de algo que pudesse ser salvo. Nos restos carbonizados da casa de alguém, havia uma cópia de *She's So Unusual*, de Cyndi Lauper, só um pouco deformado pelos danos causados pelo incêndio. Ouvimos o cover dela da música "When You Were Mine", de Prince, várias vezes enquanto dançávamos na varanda de meu quarto.

Pouco tempo depois de ter me mudado, um rapaz bonitão chamado Danny Morton apareceu no estacionamento do prédio em um Chevy Malibu verde-metálico de capota branca. Ele e os amigos tinham se mudado de Illinois para Atlanta e estavam ajeitando as coisas; iriam ficar no segundo andar, em frente à Cheryl. Um tempo depois, formaram uma banda chamada Cocktail Girls — Danny era o vocalista, mas eu não estava totalmente convencido de que ele tinha os ares de estrela necessários para liderar uma banda.

Assim como era com Mark e Lamar, havia algo muito sensível em Danny. Embora ele dissesse ser heterossexual, eu sabia que ele toparia tudo. Quando saíamos de carro todos juntos, Danny me fazia ir no banco da frente, ao lado dele, como se estivéssemos em um filme dos anos 1950. Às vezes, nos beijávamos e nos tocávamos quando estávamos em casa. Danny Morton me inspirou tanto que o coloquei num filme que dirigi e que foi estrelado por minha amiga Lori Nevada: *Disco Isis*. Lori era a personagem principal, uma justiceira que entra em ação quando uma magnata criminosa, interpretada por minha amiga Cherry Snow, sequestra as Cocktail Girls. Disco Isis as resgata com alguns passinhos de dança e salva o dia. Naquela época, eu filmava com uma embalagem de cigarro amassada em frente à lente para suavizar a imagem, como um filtro diáfano.

Mas a verdade é que a música era o que nos impulsionava e mantinha de pé. Na primavera, Prince lançou "When Doves Cry", que, na época, tocava em *looping* — com o lado B, "17 Days" — na casa de todo mundo. Aos fins de semana, sempre havia alguém que conhecíamos se apresentando, geralmente no Celebrity Club. Houve uma noite em que fui ver um grupo chamado Eastern Stars, que tocava usando apenas panelas e frigideiras. A líder do grupo era Kathy, com quem eu morei na Charles Allen Drive, mas naquela época ela se chamava Cabbage ou Carson. Era difícil acompanhar.

Ficar chapado. Viver aventuras. Me preparar para os eventos do fim de semana. Essa era a vida.

Meu slogan RuPaul é tudo e mais um pouco já estava batido, então criei outro: RuPaul é uma estrela. Colei pôsteres em todas as cabines telefônicas da cidade. Eu sabia que as pessoas estavam falando sobre isso, porque, quando Floyd, Bunny e eu estávamos na varanda de meu quarto, fumando ou dançando, as pessoas que passavam de carro pela rua colocavam a cabeça para fora da janela e gritavam:

— RuPaul é uma estrela!

Pouco depois, alguém lançou uma contracampanha, riscando meu slogan e escrevendo: QUEM CACETE É RUPAUL? Mais ou menos na mesma época, me mostraram um grafite no vestiário do 688 Club que dizia: EM UM PISCAR DE OLHOS, RUPAUL DESAPARECERÁ NA ESCURIDÃO. Recebi isso como um elogio. Afinal, você não é ninguém até que alguém o odeie.

Em 1969, fui a um show pela primeira vez: assisti a James Brown and the Famous Flames Revue na San Diego Sports Arena. Era um teatro de revista, que consistia em um show centrado numa estrela que também incorporava membros do elenco de apoio. Depois que a Wee Wee Pole se separou, eu precisava de um novo número, e a resposta era óbvia: eu tinha muitos amigos que também eram artistas — eles poderiam me ajudar e fazer parte do número. Eu abriria, traria dois ou três números adicionais enquanto trocava de figurino, depois encerraria o show e convidaria todos de volta ao palco para um *grand finale*. E eu sabia que daria certo, porque tinha construído um nome que passara a ser reconhecido. Tinha ciência de que isso era o básico do marketing, a única coisa que eu não entendia era por que outras pessoas não estavam fazendo a mesma coisa.

O teatro de revista teria Floyd, Bunny e outras duas pessoas. Uma delas era Lady Pecan, que dividia apartamento com Clare Parker e na verdade se chamava Jance. Ele era um garoto bonito do sul, extremamente gay e muito gentil, era como se não houvesse nenhum pingo de maldade nele. Era o oposto de Bunny — venenosa da cabeça aos pés, mas tão engraçada que acabava sendo perdoável. E depois vinha Opal Foxx, um verdadeiro branco do interior do sul de humor mais seco que um chardonnay. Ele trabalhava no restaurante IHOP, então se vestia como garçonete, mas sem maquiagem ou peruca, e anotava os pedidos com um cigarro pendurado no canto da boca.

O número não precisava ser muito complicado. Lady Pecan não dançava muito bem, mas podia fazer alguma coisa com balões ou papéis, ou simplesmente declamar uma receita de biscoitos no palco. Peguei caixas de papelão e as pintei para que se parecessem com câmeras Instamatic e as entreguei para os dois meninos que tinham vindo de Illinois com Danny, além de calças listradas com franjas nas laterais. Eles dançavam em volta de mim enquanto eu cantava e fazia pose, como se estivesse sendo fotografado. O título foi *Teatro de Revista RuPaul É Uma Estrela*.

Fizemos uma prévia do show em Atlanta antes de nos prepararmos para levá-lo a Nova York em julho. Nós sabíamos, mesmo que não admitíssemos uns para os outros, que Nova York tinha o público mais difícil do mundo. Eu dizia isso por experiência própria. Em casas noturnas como o Pyramid — que, naquele momento, era provavelmente o clube mais descolado dos Estados Unidos —, o público era carrancudo e exigente. Isso não acontecia tanto na Danceteria, que era mais comercial, embora ainda assim fosse intimidadora. O

Pyramid jamais receberia de bom grado o público da periferia. As pessoas em Nova York estavam decididas a manter suas identidades como dissidentes do centro da cidade e era para lá que iríamos, em uma tentativa de fazer que rissem com a gente.

Os proprietários do Pyramid nos hospedaram num apartamento em cima do clube, onde duas garçonetes moravam. As duas tinham um namorado, um israelense chamado Ayel, que flertava comigo na cara dura. Duas mulheres dividindo um namorado bissexual? Nada mais cosmopolita que isso.

Eu sabia que nosso espetáculo seria um sucesso — era engraçado, otimista e cheio de glamour. Mas a recepção foi arrebatadora de uma forma que jamais havia sido. Nova York ainda estava se recuperando de um período de trevas, e nós tínhamos vindo de Atlanta, lindos e cheios de penduricalhos, com nossa moralidade duvidosa, brilhando em nossos looks Bob Mackie falsos. Conquistar aquele público com amor e gentileza, que sempre foi a mensagem de meu trabalho, foi como derrotar Golias: como se tivéssemos vencido o monstro mais temível e cruel que se podia imaginar. Em minha trajetória rumo ao estrelato, aquilo foi um triunfo. Um pequeno triunfo, mas importante mesmo assim.

Ficamos em Nova York por mais alguns dias e acabamos nos hospedando na casa de Nelson Sullivan, um amigo de infância de Dick Richards. Assim como Dick, Nelson era obcecado por registrar tudo. Ele era de uma família sulista muito bem de vida e tinha ido para Nova York com o objetivo de escrever um livro, mas ficou tão envolvido com a cena do centro da cidade que, em vez disso, comprou uma câmera e começou a filmar tudo e todos por onde quer que fosse. Nelson morava em uma casa de três andares que, segundo ele, tinha sido construída quando os holandeses chegaram e colonizaram aquela parte da cidade. A casa ficava no Meatpacking District, nas antigas estradas de gado que nem sequer estavam no mapa da cidade. Até o piso era feito com a madeira do barco que trouxera os colonos para cá. Estávamos usufruindo de toda aquela história.

Quando já fazia uma semana que estávamos em Nova York, Bunny bateu o pé:

— Vou ficar aqui! — decidiu ela.

Olhei para ela como se minha amiga tivesse ficado maluca.

— Como assim? — perguntei, rindo.

— Não vou voltar para Atlanta! — insistiu ela. — Pode jogar minhas coisas no lixo.

Floyd e eu decidimos que também permaneceríamos em Nova York, mas queríamos retornar e organizar algumas coisas antes de nos mudarmos. Assim, voltamos de carro naquele mesmo dia e deixamos Bunny lá. Chegando em Atlanta, limpei meu quarto e me desfiz do pouco que tinha. Alguns dias depois, dirigimos até Nova York. Levei comigo apenas uma mala minúscula, com roupas íntimas, algumas calças e blusas, um casaco para quando fizesse frio e um pouco de maquiagem. Esses elementos poderiam criar talvez três trajes diferentes, peças intercambiáveis que poderiam ser combinadas entre si. Em relação aos sapatos, tudo de que eu precisava era de um par de botas de borracha de cano alto com as quais pudesse dançar. Nada mais importava; a ideia de morar em Nova York era irresistível, não fazia diferença que não tivéssemos um lugar onde morar. Nós daríamos um jeito.

E foi o que fizemos. Floyd e eu conhecemos duas garotas, Suzie e Jennifer, que tinham um apartamento na Sixth Street, a leste da Avenue B, e nos deixavam dormir no sofá. Dormíamos em parques, em bancos e no píer, mas somente durante o dia. Tomávamos banho sempre que podíamos, mas isso não era prioridade, afinal éramos boêmios.

Floyd e eu nos tornamos inseparáveis durante esse período. Precisávamos um do outro, não apenas por motivos práticos como proteção mútua, mas também emocionais. Estávamos juntos naquela aventura maluca.

Os proprietários do Pyramid permitiram que guardássemos nossas coisas lá, o que era uma benção — assim, sabíamos que nossos escassos pertences estavam em segurança, não importava quão caóticas as coisas ficassem.

Às vezes, acabávamos indo parar em lugares aleatórios porque o cara que estava nos hospedando queria dormir com Floyd. Eu nunca era o objeto de desejo sexual, o que era ótimo — assim, podia dormir em paz. Às vezes, ficávamos no apartamento de Ruth Polsky, a agente da Danceteria que tinha sido legal comigo. A maioria dos nova-iorquinos que conheci eram endurecidos pela vida. Ruth sabia como se virar e, ainda assim, era um amor. Por isso, eu sabia instintivamente que ela era bondosa e sempre seria.

Para mim, gentileza sempre foi a forma mais elevada de sabedoria.

Desde que me entendo por gente, fui chamado de mil e uma coisas — bichinha, viado e por aí vai —, mas elas nunca me marcaram. Em Atlanta, no primeiro apartamento em que morei, alguém escreveu a palavra VIADO em minha parede quando eu não estava em casa. Eu verdadeiramente me esqueci de todo o incidente até anos depois, quando um antigo colega com quem morara me lembrou do que acontecera. Sabia que essas formas bobas e mundanas de crueldade eram apenas uma válvula de escape para aqueles que não tinham imaginação, como as crianças do meu bairro que se aglomeraram para me ver saindo do ônibus quando eu era pequeno, horrorizadas por eu ter ido à praia sozinho. Elas me excluíam não porque eu era as coisas que diziam, mas porque eu ousava ultrapassar os limites do que esperavam que eu fosse.

Parte da segurança que encontrei em Atlanta com o grupo de excêntricos que conheci foi a certeza de que eu seria compreendido. Talvez não totalmente, mas o suficiente para ter um senso de comunidade. Esperava ter o mesmo em Nova York, que parecia tão desorganizada e boêmia, mas fiquei surpreso ao descobrir que o pessoal do East Village, os mesmos que haviam aplaudido nossa apresentação no Pyramid, eram mais frios do que as pessoas em Atlanta, chegando ao ponto da crueldade. Parte disso era o fato de Nova York ser muito mais difícil. Os motoristas eram rudes; os transeuntes estavam sempre na defensiva; os batedores de carteira perambulavam pelas ruas e qualquer um poderia estar tentando enganar ou assaltar você. As pessoas que víamos nas boates tinham uma postura distante. Quando aparecíamos com nossas cores vibrantes, saltitando pela calçada, provavelmente éramos vistos como alienígenas desconectados da realidade.

Percebi que a bondade, minha religião, não era praticada universalmente. Mesmo que eu também fosse capaz de ser frio como aquelas pessoas, sabia que não podia permitir que minha própria dor se tornasse contagiosa, que se espalhasse e infectasse os outros.

Comecei a dançar no bar do Pyramid Club, ganhando mais ou menos 50 dólares por noite para gastar em cigarros, comida ou o que mais precisasse. Eu me dei conta de que era melhor com os clientes do que os outros dançarinos; apontava para as pessoas e as chamava para perto, então pedia um dólar.

— Para dar sorte — eu dizia.

Em uma noite boa, conseguia ganhar 120 dólares em gorjetas só por interagir com a clientela, olhar as pessoas nos olhos e envolver a plateia. Já entre os jovens descolados do centro da cidade, eu era tratado com desdém e, embora encontrássemos vislumbres de gentileza aqui e ali, havia algo de impenetrável nas pessoas do East Village.

Certa noite, já bem tarde, estávamos fechando a boate quando começou a cair uma tempestade. Como eu não tinha lugar para ficar, perguntei a um dos gerentes do clube se poderia ficar na casa dele por algumas horas.

Ele me encarou e balançou a cabeça de uma forma muito firme.

— Não — respondeu ele.

Ele não disse: "Sinto muito, mas seria meio inconveniente para mim". Nem pensou em mentir, dizendo: "Não vai dar, já vou receber outra pessoa". Simplesmente disse não. Como explicar? Assim eram as coisas em Nova York.

Eu tinha ouvido falar de Madonna pela primeira vez quando ela trabalhava guardando casacos na Danceteria, mas àquela altura ela já era uma estrela. Pouco tempo depois de chegarmos a Nova York, Floyd e eu nos oferecemos para ser voluntários no New Music Seminar em 1984, que era organizado pela Tommy Boy Records, uma das principais gravadoras de hip-hop, e pelo proprietário da Danceteria.

Naquele fim de semana, bandas sem contrato, executivos do setor musical e fãs em geral se reuniram para um congresso de três dias com mesas sobre a indústria da música, sobre como conseguir um contrato ou como alavancar uma gravadora independente. Durante o dia, as pessoas iam às palestras no Marriott Marquis, que ficava no centro da cidade, e depois viam apresentações de artistas ainda sem contrato no Peppermint Lounge, na Danceteria ou no Pyramid. Basicamente tínhamos que arrumar as sacolinhas com brindes para os pagantes do congresso, mas acabamos conseguindo ir ao seminário.

Madonna estava falando em uma das mesas sobre as dificuldades que encontrou para se estabelecer na cidade. Ela contou que passou um bom tempo tentando conseguir um contrato com uma gravadora, até que, de alguma forma, conheceu Seymour Stein, o diretor da Sire Records, quando ele estava no hospital com endocardite — e foi assim que ela arranjou um contrato. Adorei ouvir sobre a tenacidade de Madonna e foi emocionante saber que uma garota que veio de um lugar parecido com a minha terra natal, com uma vivência similar, alcançou o estrelato. No momento em que estávamos indo embora, nós a vimos do lado de fora com a publicitária Liz Rosenberg. Elas chamaram um táxi e desapareceram no fluxo de carros amarelos que seguiam pela Forty--Seventh Street.

Pouco depois, quando cheguei na sala de descanso do Pyramid, ela estava lá falando com um pequeno grupo de pessoas reunidas a seu redor. Ela olhou para mim com uma expressão da qual nunca vou esquecer: era um olhar de escárnio, uma ira contida por eu ter ousado entrar enquanto ela estava no cômodo. Mas era a sala de descanso e era meu intervalo, eu não estava fazendo nada de errado. Ainda assim, seu olhar dizia: *O que você veio fazer aqui? Por que ainda não deu meia-volta? Como se atreve a respirar o mesmo ar que eu?* Ela nem ao menos tentou esconder seu escárnio; na verdade, a intenção pareceu ser justamente que eu percebesse.

Senti que, em segundos, ela me avaliou e decidiu que eu não tinha nada de valor a lhe oferecer. Para o mundo, sexo era poder, e ela havia se tornado uma grande estrela ao assumir o controle da própria sexualidade. Mas isso também significava que avaliava todas as pessoas que encontrava, determinando se acrescentariam algo a essa equação ou não. Ao me classificar como alguém emasculado, pareci inútil para ela. Era uma coisa que eu conseguia ignorar no resto do mundo, mas nela enxerguei nitidamente.

Naquele momento, Madonna me lembrou minha mãe. Ambas leoninas, frias ao extremo. Os pequenos atos de gentileza do dia a dia servem, em última análise, para comunicar: "Eu sei que o mundo é um lugar difícil e sei que ser gentil é uma escolha que posso fazer para amenizar para outra pessoa a angústia de estar vivo". A questão é que nem todos estão dispostos a fazer isso.

Assim como Madonna, Nova York não via necessidade de ser gentil comigo. Algumas vezes eu dormia na casa de Simone, amiga de Renetta que morava no Queens. Um dia, fui com ela para a casa de um amigo que tinha um apartamento em Tribeca. Ele era traficante de cocaína, mas simpático. Ganhamos algumas carreiras e nos sentamos no chão, conversando despreocupadamente. Em determinado momento, enquanto ele estava em outro cômodo, precisei usar o telefone para ligar para Floyd, que estava trabalhando como entregador em um restaurante chinês no East Village.

— O telefone fica ali — disse Simone, apontando para o telefone fixo.

Quando eu estava desligando, o traficante voltou para a sala.

— Você estava usando meu telefone? — perguntou ele. Parecia furioso, a veia saltada na testa. — Você estava usando a porra do meu telefone?

Ele começou a gritar. Toda a pressão de estar em Nova York, tão longe e sem casa, de repente veio à tona e eu simplesmente desatei a chorar. Fazia muito tempo que não me permitia ter uma crise como aquela. Tentava nunca me deixar abater, mas minha convicção inocente de que colheria gentileza e bondade se as plantasse tinha sido colocada à prova mais do que eu gostaria.

— Calma aí, cara — dizia ele enquanto eu soluçava. — Tá tudo bem.

Eu me recompus. Sabia tolerar frieza, mas apenas se houvesse amor por trás da coisa. Quando minha mãe não era legal comigo, eu conseguia abstrair, mas só porque sabia que ela me amava. Nova York, no entanto, não estava nem aí para mim.

O inverno estava chegando, e Floyd e eu sabíamos que não ter onde morar em Nova York durante aquela estação não era viável. A cidade já era terrível e ficaria ainda mais no frio. Decidimos voltar para Atlanta por um tempo, então empacotamos o pouco que tínhamos e seguimos para o sul. Nova York não tinha nos derrotado, mas também não havíamos vencido a batalha. O plano de morar ali aguardaria um pouco, em breve faríamos outra tentativa. Certamente, pensamos, a boa vontade de todos os que tínhamos conhecido naquele ano estaria à nossa espera quando estivéssemos prontos para voltar.

Quando retornei para Atlanta, Renetta finalmente tinha se separado de Gerald e estava morando com os dois filhos em uma casa perto do Piedmont Plaza, próxima da Lenox Square e do centro da cidade. Fiquei lá por um tempo, voltando para casa em horários aleatórios com um rabo de cavalo alto e uma extensão de cabelo comprida que chegava até a cintura, camisa branca de mangas compridas cortada na altura do peito e calça amarela enfiada por dentro da bota. Um visual discreto.

Mamãe continuava a amolecer, pelo menos em relação aos netos. Ela ligava para lá, e Renetta atendia.

— Alô?

— Scott e Morgan já acordaram?

— Não — respondia Renetta. — Ainda estão dormindo.

E nossa mãe desligava sem mais uma palavra.

Certa noite, cheguei em casa da boate e havia um homem na sala de estar. Era o cara grego com quem eu tinha saído e que depois saiu com Cheryl. Olhei para ele, atônito, e depois para Renetta. Então me lembrei de que eles tinham se cruzado brevemente, ainda que Renetta não estivesse próxima o suficiente para saber que ele e eu estávamos saindo.

— Oi — cumprimentei, julgando as companhias de minha irmã.

No dia seguinte, contei a Renetta.

— Ai, não acredito que você foi para a cama com ele antes de mim — disse ela.

— Renetta, juro que fui.

— Mentira!

— Quer que eu descreva o pau dele para você? — perguntei.

Ela fez que não com a cabeça.

Eu sabia que ela estava procurando algo diferente depois do que acontecera com Gerald. Nós dois tínhamos sido peões na vida dos sonhos criada por ele, na fantasia de que ele conquistaria o mundo inteiro. De que, de alguma forma, com a sorte, o carisma e o poder de persuasão dele, descobriria o grande segredo do sucesso.

Mas o mundo tinha mudado. O otimismo do fim dos anos 1960 e dos anos 1970 se esgotara e, na era Reagan, o futuro não estava mais à disposição de homens como Gerald. Ele já não inspirava grandes expectativas e não era mais um prodígio. Por isso, começou a beber com mais frequência e a se drogar cada vez mais. Assim, a distância entre ele e a esposa acabara se transformando em um abismo. Já era hora de Renetta deixá-lo.

Comecei a trabalhar como *go-go dancer* na Weekends outra vez e arranjei um apartamento para morar sozinho. Pouco tempo depois, Renetta pegou as crianças e voltou para San Diego. Ela só havia ido morar em Atlanta por causa de Gerald, e agora que o casamento tinha acabado não havia motivo para continuar ali.

— Tchau, Ru — disse ela ao se despedir, os olhos marejados.

Eu sabia que não nos veríamos durante um tempo. Aquela última conexão com minha família em Atlanta, com a rede de apoio que eu tivera com minha irmã durante todos aqueles anos, estava partindo. No entanto, se esse foi o fim de um capítulo na história de Renetta, foi o início de outro para mim.

Eu aprendera a ser autossuficiente com minha mãe e sempre colocava isso em prática. Sempre soube me virar, e tinha consciência de que conseguiria ficar bem sozinho. Mas a gentileza era outra história; não havia garantia nenhuma de que as pessoas seriam legais comigo. Nem mesmo namorados ou as pessoas que eu conhecia nas boates. E certamente não poderia esperar isso de Nova York.

A única opção era ser gentil comigo mesmo.

NOVE

Saturno

"Não sei explicar por que estava tão evidente que todos nós tínhamos que bater asas, mas estava. Uma era tinha que se encerrar para que a próxima se iniciasse."

No ano em que voltei para Atlanta, a banda que era o nosso elo — a Now Explosion, liderada por Larry Tee — se separou. Larry ficou arrasado; aquela banda era o mundo dele e, até então, sua única chance de alcançar a fama. A implosão da Now Explosion o deixou perdido e com o ego ferido, e isso o fez se mostrar vulnerável pela primeira vez — pelo menos comigo. Embora fôssemos amigos havia anos, eu nunca tinha visto aquele lado dele.

Eu era *go-go dancer* na Weekends quando Larry começou a trabalhar lá como DJ. Depois do trabalho, nós nos drogávamos e ficávamos juntos até de manhã. Mas nossa amizade ia além das festas. Larry era obcecado por significados ocultos e por tudo que ia além da percepção imediata. Ele estava convencido de que havia uma mensagem subliminar no álbum *Sign o' the Times*, do Prince. As letras eram tão sugestivas e instigantes que certamente devia haver algo nas entrelinhas. Larry achava que a arte da capa do *single* "Koo Koo", de Sheila E., era na verdade o corpo de Prince, barbeado e montado. Enxergava coisas que, à primeira vista, pareciam não estar lá. Ou será que estavam e apenas algumas pessoas no mundo conseguiam percebê-las? Larry via coisa onde não tinha, ou grande parte da humanidade estava cega? Essas eram questões sobre as quais refletíamos quando estávamos chapados.

Eu dançava das onze e meia da noite até as quatro da manhã, depois Larry e eu usávamos LSD e saíamos por aí com uma amiga dele, Lisa, que era lésbica e que sempre tinha cocaína. Dirigíamos até o rio ou comíamos numa lanchonete 24 horas que servia comida gordurosa. Ele ainda dirigia a van da Now Explosion, que era como um resquício de sua vida anterior. Certa vez, dirigimos por duas horas até Augusta para levar a mãe dele ao médico. Larry estava arrasado por ver a mãe sofrendo e, em consequência, também sofria.

Eis o que eu dizia a mim naqueles meses: a ascensão ao estrelato que eu planejara em Nova York ainda não tinha ido por água abaixo, apenas levaria um pouco mais de tempo do que eu imaginara. A melhor coisa a fazer era me manter ocupado com projetos em Atlanta que pudessem aumentar minhas chances de me tornar uma estrela, então foi isso que fiz.

Fui selecionado como Riff Raff em uma produção local de *The Rocky Horror Show* e, pela primeira vez na vida, me senti um ator profissional, porque recebi um salário de verdade. Além disso, a garota que interpretou Magenta se chamava Megan McFarland e era uma lenda do teatro local. Foi como se eu tivesse me tornado um ator legítimo, não mais um mero artista de boate.

Lancei um EP chamado *Sex Freak* pela gravadora Funtone, de Dick Richards, com as três músicas que tinha gravado com a Wee Wee Pole e mais três. Quando fui ao *Dance-O-Rama USA* para promover o EP, o apresentador, Spencer Thornton, me perguntou como eu queria ser chamado.

— Starbooty — respondi.

Mais tarde, lembrei que já tinha ouvido essa palavra antes: Roy Ayers tinha um grupo chamado Ubiquity que lançara um álbum com esse nome. Mas, de repente, aquela palavra estava em minha cabeça: *Starbooty*.

Então disse a Lahoma que nossa próxima criação deveria se chamar assim. Eu faria o papel de um inimigo do crime no estilo de Cleopatra Jones e Foxy Brown, os personagens que tanto idolatrava quando era pequeno e que eu via no cinema *drive-in*. Então fiz o rascunho da história e compartilhei com Lahoma, que seria o diretor. Na trama, Starbooty era uma ex-supermodelo que se tornara agente secreta, e o filme começava com o sequestro do filho de Ronald Reagan pelos principais antagonistas, os Gêmeos Malvados. Depois, Starbooty descobre que os Gêmeos planejavam contaminar o suprimento de água com aids. Floyd e Larry Tee seriam os coadjuvantes. O filme foi gravado em meu apartamento sem nem um dólar sequer de orçamento e, quando terminamos, imediatamente começamos a trabalhar na sequência, *Starbooty II: The Mack*.

Os filmes eram bobos e absurdos, um tributo à era do blaxploitation e a John Waters, cujas obras eu adorava por terem uma visão surreal da vida nos Estados Unidos. Fizemos cópias em fitas VHS e as enviamos para amigos em Nova York e Los Angeles, e rapidamente ganhamos alguns fãs. Começaram a exibi-los em bares e clubes, e uma pessoa de Los Angeles me escreveu perguntando se eu poderia prestigiar uma sessão de exibição do filme. Pouco depois, recebi a mesma oferta vinda de São Francisco. Era um sucesso limitado, mas parecia ser o início de algo maior.

Mesmo que eu estivesse em Atlanta no momento, parecia que minha estrela estava começando a brilhar em outros lugares. Ainda fazia viagens frequentes para Nova York e, numa delas, fui com Dick Richards para o New Music Seminar. Quando passamos pelo saguão do Marriott Marquis, Dick avistou um conhecido, um homem chamado Randy Barbato — da dupla musical Fabulous Pop Tarts —, então o chamou e nos apresentou.

Randy era bonito e um pouco mais baixo do que eu. Eu me lembro de estar de salto alto e encará-lo da cabeça aos pés. Quando olhei em seus olhos, algo extraordinário aconteceu: vi meu futuro. Era como se ele estivesse enxergando em mim todo o meu verdadeiro potencial; seus olhos eram um espelho, me mostrando o que minha vida poderia se tornar. Eu nunca havia sentido nada parecido. Várias pessoas acreditaram em mim ao longo de minha jornada, pessoas como Dick e Ruth da Danceteria, mas Randy foi diferente desde o início. Havia uma energia entre nós, um magnetismo. Naquele momento, ao olhar para ele, eu soube que meus sonhos se tornariam realidade. Uma semana se passou até que eu conhecesse o sócio de Randy, Fenton Bailey, um inglês charmoso com traços suaves que não revelavam seu tino para os negócios, e não demorou muito para que Randy e Fenton aceitassem trabalhar comigo. Nós nos encontramos num estúdio em frente ao Madison Square Garden e gravamos o que acabou se tornando um álbum que lancei pela gravadora de Dick Richards, *RuPaul Is Starbooty*. Era como se fôssemos todos primos: Randy e Fenton eram discípulos de Nelson Sullivan, que foi uma mãe para eles em Nova York, assim como Dick fora para mim em Atlanta.

Saí em turnê com esse álbum e fiz uma apresentação na Danceteria, em Nova York, cortesia de Ruth, que já era uma grande amiga. Ela fora uma grande aliada, não apenas por me contratar sempre que eu ia a Nova York, mas também por me oferecer um lugar para ficar sempre que eu aparecia na porta dela.

Algumas semanas depois, um táxi desgovernado atropelou um grupo de pessoas que esperava para entrar em uma boate chamada Limelight; Ruth estava entre elas e acabou morrendo. Fiquei chocado e devastado, assim como todo mundo. Ela sempre me apoiou e investiu em meus sonhos, e achei que ela sempre estaria presente. A morte de Ruth representou o fim de algo: o único farol de gentileza em Nova York, um lugar tão hostil, deixara de existir — para mim e para os muitos artistas que ela apoiara.

Contudo, o chamado da cidade era irresistível, por mais difícil que fosse viver lá. Pouco tempo depois do falecimento de Ruth, Larry Tee, Lahoma e eu decidimos que era hora de tentar viver em Nova York novamente — uma vida de verdade, não as idas e vindas de sempre. A nova banda de Larry, La Palace de Beauté, já tinha alguns fãs; ele era o vocalista e tocava com Lahoma e Judy La Grange. Quando Judy não estava disponível, eu a substituía, então estávamos acostumados a viajar juntos.

Dirigimos de Atlanta rumo a Nova York em uma van sem janelas na parte traseira que tinha apenas dois assentos na frente e um assento esquisito no meio — onde eu estava acomodado. Era meia-noite e cruzávamos a rodovia 85, bem perto de Greenville, na Carolina do Sul, talvez duas horas ao norte de Atlanta. Àquela altura, tínhamos cheirado cocaína e acendemos um baseado para nos manter concentrados na estrada, quando, de repente, ouvimos um estouro vindo de um dos pneus traseiros, que havia rasgado. Em meio a nossos gritos, a van virou de ponta-cabeça, balançando de um lado para o outro, e então capotamos. Senti a força do baque ao aterrissarmos de cabeça para baixo. Depois, a van virou novamente e por fim parou com o lado direito para cima.

Olhei pela janela e vi que tínhamos parado no acostamento, o que era um milagre, já que poderíamos ter ido para o meio da estrada ou para a pista contrária. As fotografias e os pertences de Lahoma voavam, caindo na rodovia, e os carros que vinham passavam por cima de tudo, deixando marcas de pneus. Corremos para tentar recolher nossas coisas o mais rápido possível. Depois, fomos rebocados para um posto de gasolina, onde ficamos até que o pneu da van fosse trocado.

Tivemos que passar a noite na Carolina do Sul, e o lugar mais óbvio para nos hospedarmos era o Heritage USA, o parque temático religioso que Jim e Tammy Faye Bakker tinham aberto em Fort Mill. O lugar já fora uma grande atração turística, apresentando-se como uma versão cristã da Disneylândia, mas os escândalos sexuais e financeiros de Jim Bakker foram um baque terrível nos negócios. Por fim, o parque foi adquirido por Jerry Falwell, e havia se transformado em uma vaga lembrança do que fora um dia, como uma cidade-fantasma. Andamos pelas ruínas observando as fachadas dos prédios antigos, ainda abalados pelo trauma do acidente e pelo fato de termos tido tanta sorte.

Era como se tivéssemos atravessado um portal para a próxima fase de nossas vidas, como se as coisas nunca mais fossem voltar a ser as mesmas. A era da inocência havia nos dado um pé na bunda. As coisas em Atlanta foram fáceis demais; naquele momento, a caminho de Nova York tendo percorrido a rodovia em uma van rodopiante, não havia garantia alguma de que as coisas seriam tão tranquilas novamente. Não sei explicar por que estava tão evidente que todos nós tínhamos que bater asas, mas estava. Uma era tinha que se encerrar para que a próxima se iniciasse.

Quando chegamos a Nova York, senti que um clima diferente entre Larry e Lahoma. De repente me senti distante de

Larry, de quem eu era tão próximo em Atlanta. Em viagens anteriores, ele havia feito amizade com um cara chamado Michael Alig, um promotor que trabalhava na Tunnel, a boate na Twenty-Eighth Street com a West Side Highway. Quando voltamos para a cidade, os dois se aproximaram ainda mais. Então Michael deu a Larry um espaço na Tunnel chamado Celebrity Club; certa noite, fui contratado para dançar lá e acabei conhecendo Michael, do qual não gostei logo de cara — por algum motivo, senti que ele não era confiável.

No fim da noite, ele sugeriu que fôssemos a uma boate concorrente para avaliar o público — deve ter sido a Limelight. Fomos e voltamos de táxi; quando paramos na porta, Michael saiu do carro e correu para a boate sem pagar o motorista. Ficou subentendido que nós tínhamos que sair correndo o mais rápido possível também e, naquele momento, tive certeza de que Michael Alig não era o tipo de pessoa de que eu gostava — ele me mostrara tudo que precisava saber sobre ele. Passei a evitá-lo nos lugares, mas tínhamos tantos conhecidos em comum que era impossível não o ver.

Posteriormente, ele me contratou como *go-go dancer* na Tunnel. Não queria me envolver com ele, mas precisava de dinheiro, então só falei com ele no fim da noite, para pedir meu dinheiro.

— Vim receber meu pagamento.
— Só se você me beijar — disse ele.
— Não estou para brincadeira, Michael — retruquei. — Quero meu dinheiro.
— Só um beijinho — insistiu ele, manso.
Encarei-o, cansado.
— Ok — concordei.

Quando me inclinei para beijá-lo, ele enfiou a língua em minha boca e cuspiu dentro dela. Recuei depressa, chocado e enojado, mas ele apenas riu. Aquela foi a última vez que trabalhei para Michael.

Não entrava em minha cabeça que Larry estivesse passando tanto tempo com aquele homem. Já com Lahoma, o fato de eu estar em Nova York só nos aproximou. Na companhia um do outro, estávamos sempre bebendo. Eu sabia que Lahoma vinha de uma família de alcoolistas — sua mãe, ex-alcoolista, tinha ótimas histórias para contar sobre suas aventuras quando embriagada, embora seguisse firme e forte na sobriedade. Ele sempre bebera moderadamente em Atlanta, mas, ao chegarmos a Nova York, o ritmo e a frequência mudaram. Isso deveria ter sido motivo de preocupação, mas eu estava no mesmo barco: para que pudéssemos trabalhar nas boates todas as noites, precisávamos estar calibrados.

Também passei um tempo com Bunny e Floyd, que já estavam em Nova York. No Dia de Ação de Graças daquele ano, nós três fomos ao Boy Bar, na St. Mark's Place. Estava vazio e éramos as únicas pessoas lá, bêbados, desordeiros e barulhentos. Finalmente, o DJ se aproximou e disse:

— Pago 5 dólares para vocês irem embora.

Aceitei a oferta e fomos para outro lugar.

Em outra noite, me apresentei no Chameleon e ganhei apenas 18 dólares. Eram tempos difíceis. Era um momento mais sombrio do que dois anos antes, e todas as incursões que fizéramos para animar o ambiente pareciam ter se encerrado, como se a frieza de Nova York estivesse vencendo. Meu otimismo começava a ceder. Randy e Fenton, que tinham acreditado em mim, haviam voltado para a Inglaterra para gravar um álbum e não estavam mais lá para me animar.

Por mais fria que fosse Nova York, também conheci pessoas naquele ano com quem tive grande afinidade. Na primavera, fui convidado para fazer uma peça chamada *The Shaggy Dog Animation* em Atlanta, no mesmo teatro onde havia feito *Rocky Horror* alguns anos antes. A peça era perspicaz e eu gostava do diretor musical, Jimmy Harry — ele era divertido, engraçado, e eu o achava muito talentoso. Uma das músicas da peça era uma balada muito bonita cantada por uma mulher negra com uma voz de arrepiar, que eu achava incrível e fazia questão de dizer isso a ele.

No entanto, por mais empolgado que estivesse por estar naquela peça, eu era apenas mão de obra contratada, não era algo meu. Num sábado à noite, depois de uma apresentação, fiquei na rua a noite toda cheirando cocaína com amigos e esqueci que tinha uma matinê na tarde do dia seguinte. Fui acordado com batidas à minha porta — era o diretor de palco, dizendo que eu tinha vinte minutos para chegar ao teatro, fazer a maquiagem e entrar em cena. Estava me jogando nas drogas e nas festas para me distrair da sensação de estar estagnado.

Quando voltei para Nova York, consegui um emprego como *go-go dancer* em uma boate chamada Savage com a ajuda de Kenny Kenny, personalidade da vida noturna. Em dada ocasião, eu estava no camarote dançando quando a anfitriã da noite chegou. Já tinha ouvido falar dela, mas nunca a vira. Seu nome era Susanne Bartsch, e ela parecia uma fada madrinha pairando sobre a multidão, como se estivesse flutuando — era uma pessoa adorável, nada a ver com o estilo nova-iorquino severo e de cara fechada que eu esperava. Ela era de outro mundo. Susanne veio até mim e me observou por um instante.

— Você é uma estrela — disse ela, sem mais nem menos. Ela não sabia nada sobre mim. Não sabia que eu tinha feito um sucesso considerável em Atlanta ou que já havia participado de algumas bandas. Simplesmente me enxergou.

— Obrigado — falei.

Eu não entendia por que não conseguia transformar o potencial de sucesso que outras pessoas viam em mim em uma recepção pública relevante. Foi assim durante minha vida toda: desde minha mãe, que considerava meu estrelato uma predestinação, até Ruth Polsky, que acreditou em mim e me deu espaço em Nova York, ou até mesmo Randy, cujos olhos refletiram meu futuro. E então havia Susanne também, que sabia que eu era especial e me disse isso. Só quem parecia não perceber era o público.

Um amigo tinha uma passagem aérea não reembolsável para Londres que não ia usar, então a ofereceu para mim. *Talvez eu devesse ir para lá*, pensei. Eu estava mais pobre do que nunca, mas Nova York parecia não estar dando certo. Talvez as coisas fossem diferentes em Londres.

Quando pousei no aeroporto Gatwick e tentei passar pela alfândega, eles me pararam ao descobrir que eu não tinha passagem de volta, e é óbvio que eu não possuía dinheiro para comprar a passagem. O agente de segurança, um homem negro com sotaque indiano que usava uma peruca cacheada, me levou para uma salinha e me revistou da cabeça aos pés usando um par de luvas descartáveis. Ele foi cruel comigo e percebi que estava sentindo prazer em me humilhar. Em vez de seguir em frente, fui colocado em um avião e mandado de volta para Nova York. Parecia um pesadelo.

Eu estava andando em círculos e sabia disso. Só havia um lugar onde poderia dar um tempo sem grandes expectativas: a casa de minha mãe. Onde é que eu sempre me sentia seguro? Qual era o lugar que eu imaginava antes de entrar no palco? A sala de estar de minha mãe.

Infelizmente, eu não tinha dinheiro para comprar uma passagem para San Diego. Mas, naquela época, havia voos em que, nas paradas feitas antes do destino final, os passageiros que fossem seguir podiam simplesmente permanecer dentro do avião. Eu sabia que a Continental voava para San Diego passando por Dallas, então pensei que, se comprasse uma passagem para Dallas com o pouco de dinheiro que me restava e houvesse vaga no voo, eu poderia simplesmente ficar no avião e seguir para San Diego como passageiro clandestino.

Quando estávamos aterrissando, porém, para meu grande azar, percebi que eu tinha confundido os voos e que, na verdade, estava no avião que ia para Atlanta depois de Dallas. Aquele era o último lugar onde eu queria estar, então voltar para lá parecia uma piada de mau gosto.

Desci em Dallas, triste, e liguei para minha mãe.

— Onde você está? — perguntou ela.

— Estou em Dallas, mãe.

— Ah, Ru... — disse ela. — Olha, sabe de uma coisa? Renae e o marido estão saindo de San Diego agora mesmo para visitar seu pai em Mansfield.

— Eles estão indo para Louisiana?

— Sim — respondeu ela. — Por que não vê se eles podem pegar você em Dallas? Aí você vai até lá com eles e depois pega uma carona para a Califórnia.

Já tinha me apresentado em um lugar chamado Starck Club, em Dallas, logo depois da colina onde John F. Kennedy foi baleado. Fui até lá para procurar alguém que eu conhecesse e pudesse me arranjar um lugar para ficar, mas não encontrei ninguém. Então dormi em um banco de praça no centro de Dallas à espera de Renae; depois seguimos viagem para Mansfield.

Mansfield ficava a trinta quilômetros ao sul de Shreveport, bem no interior do país. Havia uma rua principal com alguns estabelecimentos comerciais: uma loja de autopeças, uma agência bancária e um açougue, e, mais adiante, ficava a propriedade rural de meu pai, onde meu avô montara um armazém e criara os catorze filhos. A casa onde meu pai crescera ainda existia, mas ele morava em uma diferente, do outro lado da propriedade.

Sempre me senti seguro na Geórgia, mesmo nos lugares mais suspeitos, mas outras partes do sul me deixavam assustado. Mansfield também. Havia uma energia diferente no ar, como se tudo fosse assombrado. E o fato de eu ter acabado de ir para Londres e voltar e depois ter dormido numa praça em Dallas fazia com que eu me sentisse perdido e fora de mim mesmo, como se uma força invisível girasse a meu redor, me balançando. Eu estava começando a ficar enjoado.

Fazia sete anos que eu não via meu pai. Temia reencontrá-lo, porque estava determinado a não fazer o que sempre fizera, que era me transformar numa versão de mim mesmo que eu achava que fosse deixá-lo confortável. Na verdade, eu sentia pena dele por ter fugido daquela cidade pequena só para voltar anos depois, por alguma conexão disfuncional com o lugar. Queria dizer: "Você foi para a Califórnia e quis voltar para isso aqui?" Sabia que ele tinha voltado por um ideal nostálgico e romantizado do que o lugar representava, mas isso não levava em consideração o fato de que aquele não era um lugar para pessoas negras.

Eu estava com um de meus filmes, *Starbooty III*. Quando chegamos à casa de meu pai, assistimos à fita juntos. Queria mostrar a ele quem eu realmente era. Durante o primeiro ato inteiro, eu apenas corria. A primeira cena, inclusive, era um *take* de minhas pernas enquanto percorria a Times Square.

— Essas pernas são suas? — perguntou meu pai, incrédulo. — São suas mesmo?

Eu só descobrira que tinha pernas bonitas alguns anos antes, quando alguém no Pyramid me viu de minissaia e disse: "Suas pernas são lindas!" Com aquele elogio, senti que a profecia tinha se cumprido: eu me tornara a garota mais bonita da família.

— Sabe, Ru — começou meu pai —, você foi um bebê tão bonzinho. Nunca chorava ou reclamava. Sempre foi um bom menino.

Entendi o que ele queria dizer. Eu tinha feito a melhor coisa possível: deixá-lo confortável, minimizar o quanto ele teria que se preocupar comigo ou cuidar de mim. E eu nunca chorava mesmo. Quando eu tinha 6 meses, Renetta acidentalmente quebrou meu braço enquanto tentava me dar banho, e nossos pais só entenderam que tinha algo errado porque eu estava chorando, o que era bastante incomum. Ele sempre contava essa história, porque exemplificava o que meu pai achava ser uma coisa boa. Eu nunca tinha precisado de nada nem de ninguém, muito menos dele.

Mas a verdade é que eu precisava de uma coisa naquele momento, mesmo que não fosse algo que meu pai pudesse me dar. Eu estava perdido e não sabia como me encontrar. Ele tinha voltado para aquele beco sem saída, que era exatamente o que eu estava tentando fazer ao voltar para a casa de minha mãe. E se a cartomante tivesse se enganado sobre a glória que esperava por mim?

E se, em vez disso, eu acabasse igual a ele?

Após Mansfield, fui para San Diego com Renae e depois segui para Los Angeles. Imaginava que em L.A. conseguiria arranjar alguma coisa com as pessoas que tinham se interessado por *Starbooty*. Acabei indo parar no *The Gong Show*, um programa de talentos para amadores, e fiquei em segundo lugar, mas isso não me abriu nenhuma porta.

Rozy morava em Mid-Wilshire, então pedi para ficar um tempo na casa dela enquanto resolvia as coisas. Só que não estávamos nos dando muito bem; eu estava velho demais para ficar de favor na casa dela e a situação era constrangedora. Eu ficava em casa o dia todo, até terminar o programa da Oprah, e saía antes de ela chegar do trabalho, para não termos que nos ver. Aí perambulava pelas ruas de Los Angeles até ela estar dormindo, para só então voltar sorrateiramente para casa. Eu era RuPaul, a superestrela destinada à fama, e estava dormindo no sofá de minha irmã mais nova sem um centavo no bolso. O mesmo RuPaul que sempre acreditei, desde a profecia, que chegaria ao topo do mundo. O que acontecera? Como eu havia acabado naquela situação? Seria aquele o fim? Nunca tinha me sentido tão para baixo, tão humilhado.

Certa vez, vi Jackée Harry filmando um comercial para a ARCO em frente ao Century Plaza Towers. Fiquei boquiaberto ao vê-la ali, perfeita em um vestido de gala de cetim vermelho. Ela representava tudo que eu queria ser. Afinal, eu deveria estar fazendo a mesma coisa: sendo porta-voz de uma empresa que me pagaria um cheque expressivo para estar de cabelo feito e maquiagem diante das câmeras. Então, estava profundamente deprimido. Ser a única pessoa andando a pé em Los Angeles faz isso com as pessoas.

Em outubro, fui a São Francisco para um evento do Orgulho Gay. Sylvester, o cantor cuja foto Renetta tinha na parede, o primeiro homem que vi se vestir com roupas femininas como um ato de rebeldia, muito rock 'n' roll, estava morrendo de aids. Ele se dirigiu à multidão por telefone, e sua voz foi transmitida por um alto-falante.

— Eu amo todos vocês — disse. — Agradeço a vocês por minha vida!

Pensei na letra da música "(Sittin' On) The Dock of the Bay", de Otis Redding:

'Cause I've had nothin' to live for
*It look like nothing's gonna come my way**

Ouvir a voz tensa de Sylvester foi como presenciar a morte da música disco. Uma época alegre de minha vida também estava morrendo.

---

* "Porque não tenho motivo para viver/ Parece que nada vai dar certo para mim." [N. da T.]

Como as festas de fim de ano estavam se aproximando, pareceu um bom momento para me esconder na casa de minha mãe, em San Diego. Lá eu nunca sentia que estava atrapalhando; ela gostava de me ter por perto, e nós nos divertíamos juntos, fazendo brincadeirinhas e contando piadas. Minha mãe não tinha paciência para bobagem, então não era preciso se exibir ou fingir ser algo que não se era. Você podia simplesmente ser você, e por isso eu era eu mesmo.

Além disso, Renetta também estava morando lá com Scott e Morgan. Minha sobrinha estava com 11 anos e tinha um ótimo senso de humor, o mesmo humor que sempre esteve presente em minha família e que nos unia. Se minha mãe achava que eu tinha cometido um erro de cálculo na trajetória da fama, ela nunca deixou transparecer, mas eu jamais contaria a ela o quanto estava perdido.

Chamo essa época de "minha volta ao gueto". E estava determinado a registrar esse momento para o mundo, afinal de contas é preciso agir como uma estrela mesmo quando se está no fundo do poço. Com o auxílio de Renetta, gravei uma entrevista para ser transmitida no *The American Music Show* falando sobre o que estava acontecendo em minha vida. Eu vestia uma camisa de rayon e uma calça de poliéster que tinha costurado naquela casa mesmo, havia ganhado cerca de 25 quilos e, pela primeira vez na vida, deixara a barba crescer. Ainda assim, dancei e cantei na cozinha de minha mãe ao som de "Rock Your Baby", de George McCrae, como se estivesse no auge de minha carreira, depois entrevistei minha mãe enquanto ela estourava plástico bolha vestida em um de seus cafetãs. Foi um último pedido de ajuda, meu aviso para o mundo de que eu havia perdido o rumo.

Na véspera de Ano-Novo, eu estava assistindo ao especial de Dick Clark no canal ABC. Os B-52s e Sheena Easton apresentavam o hit de sucesso "The Lover in Me", ela usando um vestido verde que contrastava com o cabelo ruivo e dando tudo de si no *lip-sync*. Sheena estava deslumbrante, como uma verdadeira estrela. Pensei: *Quer saber? Eu estaria arrasando se estivesse nesse palco*. E então, naquele momento, uma ideia começou a germinar. Por que não poderia ser eu? Produzido como uma superestrela, sem desafiar as normas de gênero com meu peito cheio de pelos, uma peruca emaranhada e um vestido de festa, mas com um verdadeiro visual de *glamazon* sexy superfeminina como o de Sheena Easton toda vez que subia ao palco. Sempre soube que as pessoas reagiam a mim de forma diferente quando eu me permitia fazer o papel daquela garota, então o que estava me impedindo de abrir espaço para que ela fosse a estrela?

Eu sabia que existia uma coisa chamada "o retorno de Saturno". Na astrologia, o retorno de Saturno é o trânsito que ocorre quando você está na casa dos 20 anos, quase chegando aos 30. Para mim, foi o momento em *O Mágico de Oz* no qual Dorothy finalmente olha atrás da cortina e diz: "Espere aí. Então é isso? Não foi para isso que vim até aqui!" Você precisa reajustar o próprio caminho e decidir quem quer ser. Geralmente isso começa aos 27 anos, atinge o auge aos 28 e leva alguns anos para cessar.

Meus anos finais na casa dos 20 foram erráticos, e entendo que precisava ser assim para que eu pudesse me encontrar. No entanto, por mais que sempre tenha me sentido como uma banda de um homem só, eu também sabia que precisava de outras pessoas para continuar seguindo na direção correta, para ser impulsionado para onde eu precisava ir caso desviasse muito da rota. E foi dessa maneira que, não muito tempo depois desse dia, recebi uma ligação de Larry Tee.

— Ru — disse ele. — Já chega.

— Como assim?

— É hora de voltar para Nova York.

Larry soava como ele mesmo novamente, como aquele que sempre fora, o homem que conheci antes de ele se envolver no mundo de Michael Alig.

— Onde você está com a cabeça? Volte para Nova York, seu lugar é aqui. Eu pago sua passagem. Semana que vem você me paga. Continue de onde você parou.

Foi um pouco inesperado, principalmente porque não éramos mais tão próximos como antes. Já me perguntei muitas vezes por que ele me ligou naquele dia — provavelmente estavam surgindo oportunidades para ele em que teria sido vantajoso que eu também estivesse presente. Afinal, Larry também sabia que eu era especial e que juntos éramos excepcionais. Se eu tivesse desistido e retornado para minha antiga vida, isso só o distanciaria ainda mais das próprias aspirações.

Mais do que isso, porém, acho que ele ficou com saudade de mim. E, como meu amigo, o que Larry fez foi exatamente o que se espera que alguém faça se você se perder no meio de sua jornada. Foi como em *Oz*, quando o Espantalho tenta acordar Dorothy do transe no campo de papoulas. Ele estava me sacudindo pelos ombros e me trazendo de volta à vida.

Então aceitei: disse sim para a passagem, para voltar a Nova York e para o que quer que estivesse por vir.

Mas dessa vez seria diferente.

Eu faria tudo isso como uma *glamazon* sexy no esplendor da feminilidade.

DEZ

Supermodel

"Era para isso que eu tinha sido colocado no mundo. E quando estava em uma pizzaria na Sixth Avenue e ouvi 'Supermodel' tocando no rádio, não fiquei surpreso. Pareceu a coisa mais óbvia do mundo."

Os anos 1980, principalmente na cidade de Nova York, são lembrados como uma era de excessos. Na época em que comecei a me montar, fazer drag era um ato político. Dependendo do contexto, isso poderia ser interpretado como um dedo do meio para a cultura consumista e normativa de Reagan e seus eleitores, mas minha drag anarquista *genderfuck* só me levou até certo ponto.

No início dos anos 1990, a cultura de culto à riqueza, à beleza e ao glamour se acentuou ainda mais. Eu não tinha dinheiro, mas podia me garantir na parte do sexo e da moda sem problemas. Então, quando voltei para Nova York, depilei as pernas, raspei o peito e adotei uma estética drag que era marcante e sedutora, um estilo que na época eu descrevia como algo entre "prostituta negra" e "dançarina do Soul Train".

Meu corpo foi feito para fazer drag, e eu sabia. Minhas proporções eram perfeitas para isso: pernas compridas e uma cintura naturalmente fina. Nem precisava usar meia-calça. Colocava um sutiã, até mesmo um par de meias enroladas dentro do sutiã, e chamava isso de moda; usava saias curtas e vestidos tubinho que eu mesmo costurava. Tinha um cabelo comprido como o de Donna Summer, lábios pintados, cílios gigantescos e brincos fuleiros. Todas essas coisas passavam a ideia de sensualidade que eu aprendera com as garotas que trabalhavam em meu bairro em Atlanta e no Meatpacking District, as quais eu conseguia facilmente reproduzir.

Voltei a trabalhar como *go-go dancer*, juntei uma grana e devolvi o dinheiro da passagem para Larry Tee. E então Susanne Bartsch começou a me chamar para aparecer com sua equipe no Copacabana Club e em outros lugares. Isso foi extremamente importante para mim, já que Susanne tinha contatos não apenas em Nova York, mas em toda parte. Ela era a ligação entre os dois mundos da cidade. Nas festas que organizava, ela contratava pessoas que representavam a vanguarda. Portanto, estar no radar de Susanne era um atalho para participar de um desfile da Mugler ou ser contratado para um comercial da televisão japonesa.

Larry Tee começou a organizar uma festa chamada Love Machine na World, uma boate no East Village, na qual Lady Bunny, Floyd, Lahoma e eu trabalhávamos. Era a primeira vez desde Atlanta que nós cinco trabalhávamos juntos. Logo começamos a nos sentir invencíveis, as estrelinhas da vida noturna de Nova York, o contingente sulista que fora para o norte para virar a cena de cabeça para baixo. Finalmente parecia que as pessoas estavam olhando para mim e se perguntando "Quem é essa?" no melhor sentido possível.

Naquela primavera, eu estava ficando em todos os cantos de Nova York, mas a casa de Nelson era o que mais se aproximava de um lar para mim. Um dia, eu estava na cozinha quando Renetta me ligou.

— Mamãe está com câncer — disse ela, baixinho, do outro lado da linha.

Havia uma lareira na casa de Nelson que tinha sido fechada e transformada em um cantinho de descanso com almofadas. Eu me encolhi lá, torcendo o fio do telefone ansiosamente entre os dedos. A possibilidade de perder minha mãe parecia real e iminente.

Naquele momento, minha ficha caiu. Mamãe fumava feito uma chaminé e guardava rancor como se fosse dinheiro — tinha dado duro por aquele câncer. *Mas é óbvio que ela vai conseguir sair dessa*, pensei. Ela faria o tratamento e se curaria do câncer. Óbvio que conseguiria. Ela era assim.

Em junho, eu estava no Pyramid quando um deus grego entrou pela porta — era alto, charmoso e tinha um corpo escultural. Ele se sentou a meu lado e nossos joelhos se tocaram, exatamente como fora com Mark naquele dia em Atlanta, tantos anos antes. A familiaridade era quase incômoda. Então ele se apresentou e me entregou um panfleto.

— Meu nome é David. Vou dar uma festa, você podia aparecer lá.

David, Lahoma e eu nos tornamos amigos bem depressa. Fiquei sabendo que ele tinha acabado de terminar com o namorado, e que todo mundo estava tão encantado com ele quanto eu. Na época, eu estava hospedado na casa de uma garota que morava no andar de cima do McDonald's na First Avenue, no East Village. Eu me lembro de David ter deixado sua bicicleta acorrentada ao corrimão do terceiro andar e ter demorado uma eternidade para ir buscá-la, o que me atormentou por semanas. Nós ficávamos dando uns amassos na cama, só nos beijando. E então, quando a tal festa chegou, as coisas com David estavam intensas demais para que eu aparecesse.

Sabia que ele me afetava, embora na época não entendesse exatamente o porquê. Agora vejo que era a mesma história de sempre, minha kriptonita: estava me apaixonando por um homem charmoso, atraente e emocionalmente indisponível para mim. Era um eco do que eu sentira por Mark, que por sua vez era um reflexo de minha relação com meu pai. Eu era autossuficiente e inteligente; sempre conseguia me controlar e cuidar de mim mesmo, mas relacionamentos com esse tipo de homem eram o bastante para me desestabilizar.

Larry Tee estava inaugurando uma nova festa semanal chamada La Palace de Beauté em um prédio na Seventeenth com a Broadway, onde a Factory de Andy Warhol havia prosperado. Muita coisa dependia dessa festa, não apenas para Larry, mas para todos nós: Floyd, Lahoma, Bunny e eu. Nosso prestígio na cidade dependia do sucesso da festa, principalmente o meu. E eu sabia que, se ela fosse bem-sucedida, eu poderia usá-la como trampolim para a próxima. Na época, o fenômeno das festas semanais era a febre de Nova York. Em vez de cada boate ter como foco um tema específico, contratavam-se sete promotores diferentes para organizar noites temáticas para cada noite da semana, cada uma com a própria identidade, como uma forma de revigorar o cenário da vida noturna. E aquela seria a nossa. Era como se fôssemos um grupo de teatro e aquela fosse a estreia de nosso espetáculo. Nossas cortinas se abririam na primeira terça-feira de julho.

Na noite anterior à estreia, Nelson teve um ataque cardíaco e morreu na própria cama. O choque da morte dele repercutiu em nossa bolha; foi um lembrete de que os termos de nossa realidade poderiam mudar, de que a qualquer momento poderíamos perder um membro do elenco que considerávamos vital. Ele fora nosso elo com tudo que veio antes de nós, nosso guia e mentor; sua morte marcou o último suspiro da Nova York da era Warhol que romantizávamos. Com a morte dele, Larry Tee e Lahoma passaram a pagar o aluguel da casa na Ninth Avenue e eu me mudei para o antigo quarto de Nelson.

Foi estranho manter a estreia, mas decidimos fazer isso em homenagem a Nelson. Era o que ele teria desejado. Randy e Fenton estavam inaugurando a própria festa de terça-feira numa boate do outro lado da cidade, na mesma data. No fim da noite, vi Randy em meio à multidão na La Palace.

— O que você está fazendo aqui? — perguntei. — Eu ia passar na sua festa depois da minha apresentação.

Ele parecia triste.

— Ninguém apareceu — respondeu ele. — Não deu certo.

Percebi que ele olhava em volta, frustrado com o fato de nossa festa estar melhor. Todo mundo estava lá. Havia uma magia no ar.

A La Palace de Beauté se tornou a principal festa de Nova York, e eu tinha uma apresentação semanal de *lip-sync* num palco enorme e cheio de decorações brilhantes. Larry Tee levava estrelas de Nova York e de Hollywood — até Liza Minnelli esteve lá. Larry tocava seu álbum *Results*, produzido pelos Pet Shop Boys.

Eu ainda estava saindo com David, e ele saía com todo mundo, o que me fazia sofrer muito, mesmo sabendo que era irracional. Toda vez que eu entrava em uma boate, se não estivesse com ele, procurava pela pessoa mais alta do recinto, certo de que conseguiria enxergar sua cabeça um pouco acima das demais. Era muito raro que eu me conectasse tão profundamente com alguém. Por que ele não conseguia ver o quanto nossa relação era diferente e especial? Por que agia como se aquilo não fosse nada? Isso me fazia perder a cabeça. Então acabei dizendo a David que não devíamos mais nos ver, pois tudo aquilo me magoava demais.

A única opção era concentrar toda a energia de meu coração partido em minha carreira, como sempre fizera. Além disso, havia o Wigstock, festival de drags que Bunny começou a organizar quando se mudara para Nova York. O que tinha começado como uma desorganizada e despretensiosa festa no Tompkins Square Park acabou se tornando uma febre. Em todos aqueles anos eu nunca tinha me apresentado lá, mas precisava fazer isso agora que estava no auge de minha drag e que a festa havia decolado.

No Dia do Trabalho daquele ano, apresentei dois números. Primeiro, interpretei "So Emotional", de Whitney Houston, com um maiô azul *tie-dye* e botas pretas de couro envernizado que iam até a coxa. Em seguida, apresentei "Don't You Want My Love", de Nicole McCloud, que, embora não tenha sido canonizada como merecia, tinha todos os ingredientes de um clássico drag: batidas orquestradas com uma musicalidade que poderia ser enfatizada com movimentos corporais. O público foi à loucura. Percebi pela maneira como as pessoas me olhavam e como me tratavam que algo importante estava acontecendo naquele dia.

Poucas semanas depois, veio o concurso anual de Rei e Rainha de Manhattan. Desde que me mudara para Nova York, aquela tinha sido uma ocasião importante em todo outono: promotores de boates, jornalistas e pessoas do alto escalão da hierarquia da vida noturna votavam nas personalidades da cena do centro da cidade. Era algo que todos os frequentadores das boates viam como o auge do sucesso na vida noturna. Naquele ano, o evento foi realizado na La Palace de Beauté, com todas as indicadas se reunindo em seus trajes exagerados. Eu estava usando vestido prateado de lamê com um sutiã de veludo rosa-choque. Kenny Kenny foi coroado Rei e eu, Rainha e, quando colocaram a tiara de papelão em minha cabeça, confetes começaram a cair do teto da boate. Olhei para cima, observando em êxtase a chuva de papeizinhos. A coroa simbolizava algo maior do que o título. Ser a Rainha de Manhattan significava que eu tinha conquistado todos os nova-iorquinos carrancudos do centro da cidade que foram tão cruéis comigo quando cheguei, anos antes. Eu havia encantado o público mais difícil do mundo. Então, se tinha conseguido aquele feito, o céu era o limite.

Não demoraria muito para que eu tivesse uma outra oportunidade de brilhar. Um amigo me disse que os B-52s iriam gravar um videoclipe numa casa no interior e queriam que eu participasse. Fiquei acordado a noite toda na boate com Lahoma, me drogando com qualquer coisa que me mantivesse acordado até de manhã, então peguei o ônibus fretado com todos os figurantes contratados até Highland, em Nova York. Estava com uma camiseta que tinha transformado em frente única, uma calça de denim branca de cintura alta que eu provavelmente encontrara no lixo e um par de mules que, como sempre, eram pequenos demais para meus pés. Sem meia-calça nem sutiã, óbvio — estava servindo pura sensualidade. No vídeo, eu passava entre os figurantes num corredor de dança e fazia o que se tornaria um de meus gestos característicos, o qual Larry Tee descreveu para mim depois de ver outra drag queen fazendo: lambia meu dedo e depois o esfregava, sedutoramente, numa parede, em movimentos circulares, então dava um beijão naquele alvo.

Quando o clipe foi lançado, senti que aquilo foi como um *up* em minha carreira. Menos de um ano antes, eu não tinha onde morar e estava vagabundeando pela Califórnia. Agora eu era o queridinho da cidade. Então aproveitei meu reinado o máximo possível ficando chapado e enchendo a cara.

Todas as noites, Lahoma e eu íamos a uma loja de bebidas na Hudson e comprávamos uma garrafa de vodca Popov que custava 10 dólares, depois enchíamos um copo com gelo, vodca e um pouco de suco de laranja — porque não éramos animais — e bebíamos dois copos cada enquanto fazíamos a maquiagem. Em seguida, íamos para a boate, descobríamos quem era o promotor, comprávamos algumas bebidas e começávamos a nos enturmar com todo mundo. E então saíamos à caça: "Quem tem cocaína? Onde podemos conseguir?" Naquela época, fomos chamados para aparecer em um videoclipe de Robert Palmer, porém tomamos metaqualona, apagamos e fomos demitidos — mas tudo bem, pelo menos virou história para contar.

Depois disso, Larry Tee me convidou para uma gravadora chamada Cardiac Records, com a qual tinha um contrato de produção, e eu aceitei. Já tinha fechado contrato com uma gravadora antes — a Funtone, de Dick Richards — em Atlanta, mas sentia que aquilo seria algo maior.

No fim de semana do Orgulho Gay, eu estava flanando pela Christopher Street, com roupa de marinheiro — short de cetim com uma camisa aberta até o umbigo e chapéu de capitão —, quando David passou de mãos dadas com um rapaz negro que se parecia muito comigo. No momento em que nossos olhares se cruzaram, a expressão dele mudou e ele levou a mão ao peito, como se estivesse verdadeiramente abalado por me ver. Depois, ele me contou que pensava em mim quando transava com o cara. Provavelmente, imaginou que aquilo era um sinal de quanto eu era importante para ele, mas só me magoou ainda mais. Parecia um prêmio de consolação terrível. Eu deveria estar em meu auge, mas, em vez disso, me sentia solitário e frustrado. Andava sozinho por

Manhattan à noite, pensando em David, desnorteado e de coração partido. E estava bebendo mais do que nunca.

Susanne andava me chamando para me apresentar com a equipe fora da cidade. Estávamos em Miami, participando de uma festa em Star Island promovida pela Ford, a agência de modelos, e a supermodelo Lauren Hutton, que eu idolatrava, estava presente. Eu pedia um copo de vodca com suco de laranja atrás do outro e, de repente, me dei conta de que já tinha tomado dez drinques e não sentia nada. Nadinha.

Droga, pensei. Era hora de cair na real. Afinal, as coisas estavam começando a degringolar e eu não vinha usufruindo com inteligência as vantagens que me foram concedidas como Rainha de Manhattan. Certa vez, Bunny me disse:

— Você se acha engraçado quando está no palco, mas não é, só está bêbado.

E se ela tivesse razão? E se os excessos daquele momento, daquele estilo de vida e de minhas próprias tendências estivessem falando mais alto?

Quando voltei para Nova York, decidi que só ia frequentar boates se estivesse sendo pago para estar lá, que ia parar de usar entorpecentes e entrar na linha.

De volta à cidade, comecei a frequentar a academia e a fazer aulas de aeróbica. Uma vez, Lahoma me viu chegando com minhas roupas de ginástica e perguntou:

— Tá achando que é a Jane Fonda?

Eu me senti como no dia em que as crianças em San Diego me encurralaram quando eu estava descendo do ônibus depois de ir à praia. Novamente, me senti distante de Larry e Lahoma. Eu pagava o aluguel, mas ficava fora o dia todo e só voltava para casa para dormir. Às vezes, ouvia os dois conversando quando achavam que eu não estava em casa, falando sobre como não faziam ideia do que estava acontecendo comigo. Mais uma vez, me senti distante das pessoas que deveriam ser minha comunidade.

Em determinado momento, o *single* que eu gravara com Larry foi lançado, mas eu não estava satisfeito com o resultado, que não parecia bom nem me representava. O estrelato global que eu tanto queria ainda me escapava. Então, conversei com Randy e Fenton, que sabiam muito sobre o setor musical por terem gravado como os Fabulous Pop Tarts. Eles ficaram presos à London Records por conta do contrato e só recentemente tinham conseguido sair e estavam se dedicando à produção televisiva. Muitas das pessoas do East Village eram completamente inconsistentes, falavam sobre mandar um foguete para a Lua na quarta-feira e desmaiavam de bêbadas na quinta-feira, mas eu sabia que Randy e Fenton levavam as coisas a sério. Os dois tinham negócios no exterior, um escritório, funcionários e equipamentos de verdade. Era inegável que estavam fazendo o que haviam se proposto a fazer.

Por isso, pedi para eles analisarem o contrato que eu assinara com Larry.

— É só um contrato de produção avulso — explicou Randy. Ele me observava. Pensei no momento no Marriott Marquis, anos antes, quando vi nos olhos de Randy que ele conseguia enxergar meu potencial.

— Se você quer mesmo levar isso a sério, o que acha de nos deixar ser seus empresários?

Antes de parar com as festas, eu tinha planejado uma viagem para a Itália com Larry e Lahoma para nos apresentarmos com a La Palace de Beauté. Larry iria ser o vocalista; não era uma apresentação muito sofisticada, mas tínhamos algumas coreografias e uma faixa com vocais de fundo. No entanto, com as coisas estando estranhas entre nós, e por eu estar tentando entrar na linha, não queria mais acompanhá-los. Eu mal os via, apesar de morarmos juntos; passava a maior parte do tempo na casa de Floyd, no East Village, ou ficava com ele no Film Forum — onde ele trabalhava —, tomando água com gás, comendo pipoca e de vez em quando biscoitos de aveia. Mas era tarde demais para desistir do plano da Itália, então fomos para Roma, onde nos hospedamos na casa de um amigo, que ficava não muito longe do Coliseu.

Certa manhã, acordei cedo, por volta das cinco horas, enquanto o restante do grupo ainda dormia. Uma luz fraca começava a entrar pela janela. Caminhei sozinho pelas ruas vazias de Roma e parei diante do Coliseu, admirando-o. Os pilares tinham cor de lama, mas a luz do nascer do sol deixava tudo mais bonito. Aquele monumento era tão antigo. Tanto da história humana tinha acontecido ali e, ainda assim, ele continuava de pé, majestoso em sua resistência. O Coliseu era uma estrela; ainda que estivesse em ruínas, não fora vencido pelo tempo.

De repente me dei conta de que eu já tinha ultrapassado meus pais, que meu mundo já era maior do que o deles jamais havia sido. Ninguém em toda a minha família tinha visto o sol nascer diante de um monumento tão belo e extraordinário. Naquele momento, me senti muito grato.

Mas a sensação de deslumbramento evaporou assim que entramos no carro para viajar pelo país. Fomos para Bolonha e Florença amontoados em um Fiat minúsculo, atravessando as sinuosas rodovias italianas. Eu estava no banco de trás com meu walkman, ouvindo música. Notei que Larry e Lahoma acharam que eu estava sendo um estraga-prazeres, e estava mesmo. Eu sentia raiva por ter sido obrigado a desviar de meu objetivo, que era meu próprio estrelato, para ficar ali tocando com Larry e gravando uma música sem graça na gravadora dele. Estava descontando neles, mas, na verdade, a decepção era comigo mesmo por ter permitido que isso acontecesse.

Em Milão, um amigo mexeu os pauzinhos para que conseguíssemos entrar num desfile de moda da Versace; conseguimos assentos de última hora nas poltronas mais distantes, mas a experiência foi incrível. As quatro maiores supermodelos do mundo desfilaram em vestidos extravagantes: Linda Evangelista, com um pixie platinado, de vermelho-sangue; Cindy Crawford com um vestido preto e cabelos brilhantes e esvoaçantes; Naomi Campbell de amarelo-limão; e, por fim, Christy Turlington, elegante em um vestidinho preto. Elas desfilavam com a música "Freedom! '90", de George Michael, e estavam impecáveis. Eu mal conseguia respirar ao olhar para aquelas mulheres.

Assistindo a elas lá do fundo, eu sabia que aquilo era exatamente o que queria ser.

Na época, todos éramos obcecados por modelos. Nos anos 1960 e 1970, beldades glamorosas como Sophia Loren, Elizabeth Taylor e Marilyn Monroe haviam dado lugar a estrelas com as quais o público poderia se identificar um pouco mais, como Sally Field interpretando uma operária de fábrica ou Jane Fonda como esposa de um veterano do Vietnã. As modelos se tornaram estrelas de cinema e as estrelas de cinema evoluíram para atrizes sérias. Foi em 1978 que Cheryl Tiegs apareceu na capa da *Time* com a manchete "A modelo da América", o que me mostrou que ser modelo — e por conseguinte a moda no geral — era algo viável, uma indústria em que se poderia construir carreira. E todos — de pessoas como eu a meninos e meninas de cidades conservadoras que adoravam moda — sabiam os nomes das grandes modelos cujos rostos estampavam os anúncios por aí.

O ápice aconteceu no fim dos anos 1980, quando a moda de grife ficou maior do que nunca: à medida que Halston, Calvin Klein e Versace se tornavam nomes consagrados, o mesmo acontecia com as modelos que faziam com que as roupas parecessem ainda mais glamorosas.

Naquela época, a intenção não era que o público se identificasse com as modelos ou que estas fossem inclusivas. Elas eram, na verdade, vistas apenas como a grande inspiração, guardiãs de uma beleza inalcançável, seres super-humanos de membros compridos que emanavam sofisticação. No entanto, por mais que os exemplos de beleza se tornassem cada vez mais distantes da realidade, a moda de luxo em si era um setor em expansão que se tornara mais acessível aos clientes. À medida que os estilistas que faziam designs para produtos selecionados começaram a licenciar seus nomes para utensílios, fragrâncias e acessórios, tornou-se mais possível do que nunca que os consumidores experimentassem o luxo. A crescente disseminação das marcas de grife só serviu para fazer com que as modelos, embaixadoras das marcas, ficassem ainda mais famosas.

Depois que voltamos da Itália, redobrei os esforços para lançar minha carreira musical, trabalhando com Randy e Fenton como meus empresários e compondo *demos* com Jimmy Harry, o diretor musical da peça que eu fizera em Atlanta e de quem gostava muito. Sempre achei que meu caminho para o estrelato se daria por meio da música, não da atuação; ainda não havia um lugar em Hollywood para alguém como eu. Hollywood não "entendia" o diferente, assim como não entende ainda hoje. Se eu causasse impacto suficiente na indústria musical, talvez conseguisse levar essa fama para o cinema e a TV.

Comecei a trabalhar com dois outros amigos do meio, que conheci por Susanne: um maquiador chamado Mathu Andersen e um designer chamado Zaldy Goco. Os dois eram estilistas de alta-costura; enquanto Mathu era um homem da Renascença, um mestre em cabelo, maquiagem e fotografia, Zaldy era um gigante da moda, formado pelo Fashion Institute of Technology e designer de olhar impecável. Quando me virei e vi meu reflexo no espelho pela primeira vez depois do trabalho dos dois, senti que tinha renascido — e mal podia esperar para que o mundo me visse.

Sabia que Randy e Fenton estavam mandando minha *demo* para as gravadoras, mas também sabia que ela estava passando despercebida pela maioria. Os dois tinham me dado uma chave da casa deles, um loft na Varick Street, e às vezes eu dormia lá quando não queria voltar para casa e encontrar Larry e Lahoma.

Houve um dia em que eu estava acordando e ouvi a secretária eletrônica. Era a voz de uma mulher.

— Olá, Randy e Fenton, aqui é Monica Lynch, da Tommy Boy Records — disse ela. — Recebemos a *demo* de RuPaul e queremos fechar negócio.

Naquele momento, soube que minha vida iria mudar. O universo se alinhou de modo que a mesma gravadora que havia coproduzido o New Music Seminar, um veículo para que artistas independentes conseguissem um contrato, fosse a que assinaria comigo.

A notícia de que eu tinha assinado um contrato com a Tommy Boy se espalhou depressa quando comecei a gravar meu álbum. Quase no fim do processo, Larry me ligou.

— Tenho uma música que quero que você ouça — disse ele.

Ele me falou que a escrevera inspirado pelo novo visual que Mathu e Zaldy tinham criado para mim. As minissaias da Fourteenth Street e as perucas de segunda mão deixaram de existir; passei a usar vestidos feitos sob medida e sapatos de salto que, pela primeira vez, serviam em mim.

Por mais estranhas que as coisas estivessem com Larry, ele ainda era meu amigo e eu queria ser justo com ele.

— Claro, vou ouvir — concordei.

Quando Jimmy Harry e eu a ouvimos, achamos engraçados os trechos da letra inspirados na famosa frase de Linda Evangelista sobre se recusar a sair da cama por menos de 10 mil dólares por dia, mas a melhor coisa da música era o título. Pegamos aquela ideia, o que pareceu aceitável no momento, e começamos a compor nossa própria versão como se estivéssemos engarrafando a sensação de ver aquelas modelos desfilando na passarela em Milão. Foi mérito de Larry ter conseguido cristalizar na letra o que eu estava me tornando, conectar os pontos entre minha persona e a obsessão da época.

Gravei a nova versão da música que Jimmy e eu havíamos escrito — e que Larry havia inspirado — no apartamento do produtor Eric Kupper, que ficava em Battery Park City, no 28º andar de um prédio alto com vista panorâmica para o rio Hudson. Enquanto gravava, eu olhava para a Estátua da Liberdade, que se erguia sobre o porto como a maior modelo do mundo. Pensei em tudo que ela representava: um símbolo dos Estados Unidos, o lugar onde pessoas comuns transformavam sonhos impossíveis em realidade.

Agora vejo que tudo que aconteceu me levou àquele momento. Tudo que vivi — os altos e baixos, os medos, as alegrias, as descobertas — me moldou para ser a potência que eu me tornaria com aquela música e com a mudança de visual. Lá estava a profecia da vidente, tornando-se verdade. Meu corpo, com suas proporções de modelo, que nasceu para fazer drag, que sempre foi diferente, que nunca foi masculino o suficiente para o mundo, agora tinha um propósito. O amor pela atuação que eu havia aperfeiçoado quando criança para fazer minha mãe rir passaria a ocupar seu lugar de direito no palco do mundo. Até mesmo o fato de eu sempre ter tido uma relação desconfortável com o sexo passaria a ser um de meus superpoderes. O meio drag em que cresci sempre foi indecente e sexualmente intenso. E se eu pegasse tudo aquilo e transformasse em algo popular? E se eu transformasse aquele universo em algo tão divertido, agradável e apropriado para famílias que fosse possível mostrá-lo para sua avó? E se eu trouxesse o mesmo glamour que me arrebatou naquele desfile da Versace para tudo que fizesse, mas com uma piscadela, um sorriso cativante e o espírito de bondade que tentava seguir e que sempre considerei essencial em outras pessoas?

Todas as minhas aventuras e tentativas fracassadas de me tornar alguém foram parte do processo. Era para isso que eu tinha sido colocado no mundo. E quando estava em uma pizzaria na Sixth Avenue e ouvi "Supermodel" tocando no rádio, não fiquei surpreso. Pareceu a coisa mais óbvia do mundo.

O *single* não foi um sucesso nas rádios, não chegou nem a entrar no Top 40, mas foi ali que a ideia RuPaul nasceu, inspirando pessoas fora de minha bolha a falar sobre mim, sobre androginia e sobre drag como nunca antes. Pouco tempo depois, surgiram os questionamentos: *Por que você?* A arte drag existia desde sempre, então por que eu tinha conseguido alcançar o sucesso depois de tantos obstáculos?

Mas sabia que as pessoas jamais entenderiam a delicada escolha que eu fizera para que tudo funcionasse. Tinha dominado a arte da "ousadia suave": duas colheres de Diana Ross, uma pitada de Cher, um toque de Dolly Parton, tudo arrematado com a amistosidade familiar de Walt Disney. Antes, eu era uma confusão, um borrão que só algumas pessoas conseguiam entender. Finalmente tinha entrado em foco, bem a tempo de ser visto pelo mundo inteiro.

Os anos 1980, com todo o excesso e a opulência, também foram marcados por coisas sombrias: o terror do crack, a epidemia de aids e a crise das poupanças e empréstimos. Havia um anseio por frivolidade, a mesma irreverência e o desejo de diversão que me animaram a vida inteira.

Uma janela se abriu. Eu aproveitei a oportunidade e entrei.

As modelos daquela época não eram apenas contratadas para vestir roupas, mas sim para trabalhar em conjunto com os estilistas. Elas trouxeram para o processo criativo uma importância e uma influência nunca antes exercidas, e representavam o poder que vinha da conquista da liberdade por meio da beleza e da força. Elas eram independentes.

Passei muito tempo tentando conquistar meu próprio lugar sob os holofotes, por isso odiava ficar no fundo do palco com a banda de Larry Tee, odiava esperar na fila para que o mundo me visse. E, naquele momento, meu sonho estava finalmente se realizando.

No outono seguinte, eu estava novamente em Milão para o desfile da Versace. Não mais nos assentos do fundo com ingressos de última hora, mas, sim, para me apresentar no pós-festa, convidado por Gianni Versace. Durante o desfile, ele me levou aos bastidores e tirei foto com as modelos, usando uma peruca loira e volumosa e um vestidinho justíssimo. Na foto, Naomi Campbell está a meus pés, Christy Turlington está olhando para cima em minha direção e eu estou sorrindo, radiante, como se nunca tivesse duvidado que aquele momento chegaria.

ONZE

Mãe

"Precisamos tomar as rédeas de nossa vida. Temos que abrir mão do colete salva-vidas, ou então parar de procurar por um. Precisamos ficar bem por conta própria."

o ano em que fiquei famoso, Martha Wash lançou uma música chamada "Carry On", que eu ouvia sem parar. Era meio house e meio gospel, com um piano de fundo. A letra dizia:

Still can hear the way Mama used to say "Never! No, never let your spirit bend!"*

Amava a música porque adorava Martha Wash, mas também porque aquela era uma ode à resiliência. A vida sempre tentaria nos derrubar, mas aquela música era um lembrete para continuar lutando e jamais desistir.

Como todas as coisas mais importantes da vida, porém, esse é um paradoxo. Às vezes precisamos desistir; aprender a dizer adeus é a coisa mais profunda que qualquer um de nós pode fazer na vida. A morte é inevitável e faz parte da experiência de se estar vivo, é a sombra do viver. Isso continua sendo um tabu em nossa cultura porque somos regidos por nosso ego, e o ego quer acreditar que se pode enganar a morte, que existe um caminho para a imortalidade. Mas, no fundo, sabemos que estamos aqui por um curto período de tempo.

Pouco depois do lançamento de "Supermodel", Randy e eu fomos de avião para a Califórnia e depois de carro até San Diego. Ele era a única pessoa de minha nova vida, da versão de mim mesmo que criei depois de sair de casa, que levei para conhecer minha mãe. Quando chegamos à casa dela, mamãe estava andando com uma bengala.

---

* "Ainda me lembro de ouvir minha mãe dizer/ 'Nunca! Nunca se deixe abalar!'" [N. da T.]

— Ah, não foi nada — disse ela. — É que escorreguei, caí e machuquei o quadril.

Uma queda geralmente é o começo do fim, embora eu não soubesse disso.

Mamãe gostou de Randy e foi gentil com ele. Não me passou despercebido o fato de que a pessoa que eu estava levando para conhecê-la era quem eu sabia que mais acreditava em meu potencial, do mesmo jeito que minha mãe acreditava. Era a pessoa em quem eu confiava para me ajudar a avançar para a próxima fase, seja lá qual fosse.

Muitas coisas ficaram para trás no ano em que fiquei famoso; me despi de muitas peles e encerrei muitos ciclos. Desde o momento em que assinei o contrato com a Tommy Boy, por exemplo, não voltei mais a ficar sem dinheiro. Pela primeira vez na vida, eu estava financeiramente bem, o que não queria dizer que tinha ficado rico da noite para o dia. Mas, desde o contrato, nunca mais senti medo de não ter onde morar ou da pobreza extrema. A diversão havia diminuído um pouco, pelo menos da forma irresponsável e inconsequente como era antes. Afinal, agora que eu era uma figura pública, precisava ser responsável por minhas ações de uma maneira diferente, ciente do que estava em jogo se eu me metesse em alguma encrenca. Havia me tornado a drag queen queridinha dos Estados Unidos, então não poderia mais tocar o terror nas ruas.

Mas também havia coisas novas, uma nova vida, embora cada coisa que surgia também marcasse o fim de outras. Com o dinheiro, vieram novas preocupações. Com a fama, novas responsabilidades. A vida seguiu, na dualidade infinita de todas as coisas, onde não se pode ter um sem o outro.

Somos responsáveis por nós mesmos. Essa é uma verdade incômoda que muitos relutam em aceitar. Crescemos querendo acreditar que uma força benevolente, talvez nossos pais, cuidará de nós para sempre. Mas precisamos tomar as rédeas de nossa vida. Temos que abrir mão do colete salva-vidas, ou então parar de procurar por um. Precisamos ficar bem por conta própria.

Às vezes, o que não conseguimos deixar para trás nem é positivo. Às vezes nos apegamos a mágoas passadas e opiniões antiquadas, nos recusamos a esquecer o passado. No entanto temos que permitir que isto aconteça — desapegar tanto das coisas que desprezamos quanto das que amamos. As pessoas mais sábias sempre dirão a mesma coisa: o ego é o que nos mantém presos, enquanto o desapego é o caminho para a liberdade. Mas nunca fica mais fácil dizer adeus.

Depois de "Supermodel", a MTV News quis fazer uma matéria sobre mim. Fomos de limusine da Times Square até um shopping em Jersey City, onde falei sobre minha filosofia para o apresentador.

— Todo mundo faz drag — declarei.

Decidi parafrasear a drag queen sobre a qual Mark havia me falado tantos anos antes, em Atlanta.

— Nós nascemos nus e todo o resto é drag.

Depois, me colocaram para correr de salto alto por um shopping em Jersey City enquanto as pessoas olhavam para mim como se eu fosse uma estrela do rock.

Na semana seguinte, voltei para San Diego e fui ver minha mãe, pois sabia que ela estava morrendo. Ela estava em uma cama na sala de estar para facilitar os cuidados médicos. Então, ligamos a TV na MTV e assistimos juntos à matéria quando foi ao ar. Ela viu tudo, admirada, depois virou-se para mim.

— Neguinho, você é uma figura.

Era uma coisa tão simples de se dizer, parecia não haver nada por trás daquilo. Mas, nas entrelinhas, havia um oceano de significados ocultos. Notei em sua voz a percepção de que a profecia se tornara realidade e o reconhecimento da vitória que ela sentia por ser minha mãe, mesmo estando à beira da morte. Ela era a mãe da pessoa que aparecera na TV, a mãe da celebridade que eu havia me tornado. Aquela era a mesma sala de estar em que eu dançava e cantava para ela. Que incrível. E agora era eu que estava naquela telinha. Não conseguia pensar em nada mais mágico do que aquilo. Naquele momento, senti que havia uma força divina em ação que era maior do que nós e que mal conseguíamos conceber.

Minha única responsabilidade tinha sido seguir em frente, e assim o fiz, até o ciclo se completar e me ver de volta no início de meu sonho, onde tudo começou. Agora meu dever era aprender a dizer adeus.

Fiquei lá naquela noite, no quarto dos fundos, e acordei de madrugada com minha mãe chamando por mim.

— Venha aqui — pediu ela. — Preciso de você.

— O que aconteceu? — perguntei.

— Ru, estou morrendo de vergonha — disse ela. — Mas acho que me sujei. Você pode me ajudar?

— Claro, mãe.

Eu a limpei, a levei até o banheiro e cuidei de tudo.

Ela tinha trocado todas as minhas fraldas quando eu era criança, e naquele momento eu estava lá para ajudá-la. De todas as coisas que fiz em minha vida, aquela foi uma das maiores demonstrações de amor e respeito que tive o privilégio de expressar.

De manhã, chamei um táxi e dei um beijo nela antes de ir embora.

— Te amo, mãe.

Ela piorou depressa. Antes de morrer, pediu para minha sobrinha Morgan me ligar. Mamãe havia perdido a audição, mas não importava, porque bastava que ela se fizesse ouvir.

— Ru, só quero que você saiba que eu te amo muito e tenho muito orgulho de você.

Algumas semanas depois, fui convidado para me apresentar no encerramento de uma marcha pelos direitos LGBTQIAP+, em Washington. Muitas pessoas discursaram, homens e mulheres falando em tom inflamado sobre o movimento pelos direitos da comunidade. Quando o sol estava se pondo, Cybill Shepherd chamou meu nome e eu subi ao palco. As pessoas se acotovelavam para me ver, e nuvens de poeira levantavam do chão, parecendo tempestades de areia.

Quando a música começou, a poeira se tornou laranja sob a luz do sol poente. Ao longe, vi um avião decolando em Dulles, suavemente empinado para o céu, e pensei: *Minha mãe.*

Quando retornei ao hotel, Randy telefonou.

— Estava te vendo na TV! — exclamou ele. — Ah, antes que eu me esqueça: Renetta ligou para você.

Então comecei a chorar, pois já sabia o motivo da ligação.

Eu tinha acabado de começar a ganhar dinheiro quando minha mãe morreu, mas ainda não o suficiente para comprar ternos elegantes. No funeral, usei uma calça preta e um blazer azul-marinho. Por muitos anos me arrependi disso. Era algo com que eu me preocupava tanto, e em grande parte por causa dela — ela com certeza teria reparado no preto com azul-marinho. Hoje em dia, toda vez que visto um terno bonito penso nela. É na estética vibrante e intencional de minha mãe que sempre me inspiro ao me vestir.

A vida pode parecer uma cadeia inevitável de acontecimentos, um trem correndo num trilho. Às vezes ele avança devagar, quase parando, e às vezes tão depressa que parece estar desgovernado. Assim era a fama para mim, principalmente depois de removidos os obstáculos dos trilhos: dúvidas sobre mim mesmo, drogas, álcool e relacionamentos tóxicos (a maioria dos quais só existia em minha cabeça). Quando me sentei na poltrona do maquinista, o trem pareceu implacável e a vida ficou mais empolgante. Mas esses marcos, como a morte de minha mãe, tornam-se ainda mais impactantes quando se tem o discernimento para compreender o que significam. É preciso pisar no freio, parar e ouvir. *Ouça. Preste atenção. A vida é agora.*

Minha mãe nunca cuidou de si mesma. Ela foi resiliente o bastante para sair das garras da depressão depois que meu pai foi embora. Ela seguiu em frente. Mas, em muitos aspectos, era frágil como um passarinho. Os médicos disseram que minha mãe morreu de câncer, mas acredito que ela tenha morrido de rancor. Estava calejada, com raiva, ainda que esses sentimentos tenham se suavizado com o passar dos anos; no fim das contas, ela não conseguira se desvencilhar das próprias trevas. Foi sua recusa em se libertar que a manteve estagnada.

Desde que me entendo por gente, minha mãe falava que queria ser cremada.

— Ou, melhor ainda, largue meu corpo na sarjeta e deixe a cidade me enterrar. Já paguei impostos demais — dizia ela.

No entanto, quando o momento de fato chegou e ela se deparou com a morte iminente, insistiu em ter um caixão. Entendi isso como uma última manifestação de sua origem católica, um sinal de que ela não era tão indiferente quanto aparentava ser.

Eu tinha que aprender com minha mãe. Precisava viver a vida de um jeito diferente. Precisava aprender a dizer adeus — a velhas ideias, a posses e até mesmo a algo tão fundamental como meu corpo, que um dia vai virar pó.

A vida não passa de uma fase, e a morte é a próxima. Mas isso é parte de um todo, da verdade, da fonte de tudo que somos, manifestada para viver a humanidade por um breve segundo. Eu sabia disso. O problema era que, quando Renetta telefonou, eu não imaginava que chegaria tão rápido.

Ou será que imaginava? Minha mãe aguentou o máximo que pôde para ver o filho no auge de seu potencial. Ela me amava muitíssimo e segurou as pontas até que a profecia se cumprisse.

Pensar nisso hoje me faz dar risada. Não porque não acho que tenha sido por amor, mas porque sei que foi também por pura obstinação. Ela viveu tempo suficiente para provar que estava certa.

Posso até ouvi-la dizer: "Estão vendo só, seus filhos da puta? Eu avisei".

DOZE

Elevador

"Pela primeira vez, fiquei me perguntando: como seria a sensação de ser cobiçado em vez de cobiçar?"

Ding!

As portas do elevador se abriram e eu entrei no saguão. A decoração tinha inspirações *art déco* e tudo era em tons rosados com metais dourados em meu novo apartamento no West Village, entre a Morton e a Hudson. Sempre morei em prédios com escadas em Nova York, mas agora eu tinha um elevador.

Vivi muitas coisas novas. Por exemplo, ao longo do ano, várias vezes ouvi alguém dizendo meu nome — sem que estivesse me chamando. Nem sei explicar o quanto isso é estranho. Era inverno em Nova York, e eu estava andando na rua de capuz. De repente, ao sair de meu prédio, ouvi uma pessoa que eu não conhecia falar:

— E aí RuPaul fez isso e aquilo...

E eu olhava, porque tinham dito meu nome, mas logo percebia que não estavam falando comigo, e sim falando *de mim*.

Aconteceu também em frente à Barney's, na rua Chelsea. A loja era famosa por montar vitrines de Natal elaboradas, e naquele ano estava usando um manequim meu, então fui até lá para vê-lo. Quando cheguei em frente à loja, um grupo de pessoas vinha da direção oposta, também olhando a vitrine.

— Olhe ali, é RuPaul — disse uma pessoa, apontando para o manequim. — Da música "Supermodel".

Eu me preparei para os comentários seguintes. *O que mais eles diriam sem saber que eu estava ali?* Mas o grupo foi embora. A fama era um trem desgovernado. Depois de correr atrás dela por tanto tempo, enxergando-a mais como algo inevitável do que como um sonho, descobri que comecei a fazer parte do *zeitgeist* de uma forma que me impressionava e que eu não havia planejado.

Estava namorando Steven, um cabeleireiro italiano que se parecia com Dean Martin e tinha um sotaque carregado de Long Island. Eu o levava em algumas viagens comigo, como aquela para a Itália em que fui convidado pela Versace para a coleção de primavera e onde tirei fotos com todas as modelos nos bastidores — minha peruca era da Oribe e minha maquiagem, de François Nars, tudo muito diferente de meu antigo estilo punk. Também o levara para Los Angeles, onde passeamos pela Sunset Boulevard em um conversível, e para a Inglaterra, onde gravei um videoclipe com meu novo amigo Elton John, dirigido por Randy e Fenton. Eu gostava de Steven, mas sabia que ele não tinha o que eu procurava, e ele provavelmente sentia o mesmo em relação a mim. Havia uma distância emocional entre nós que eu não sabia como superar. Depois que voltamos da Inglaterra, decidimos nos separar.

Floyd foi empático quando contei sobre a separação.

— Venha para a Limelight — convidou ele. — Relembre os dias de *go-go dancer*, venha se distrair um pouco.

Era uma noite de segunda-feira de janeiro, uma estação lúgubre em Nova York. Na falta de algo melhor para fazer, aceitei. Vesti uma calça de veludo cotelê, uma camiseta e uma jaqueta qualquer e saí. Depois de ficar famoso, comecei a separar roupas de ir a festas e roupas que usava no dia a dia, numa tentativa de que não me reconhecessem por aí. Randy e Fenton sempre usavam calça cáqui e camisa de botão. No começo, eu achava o visual básico dos dois muito entediante, mas hoje entendo.

Quando cheguei na Limelight, fiz o que sempre fazia assim que entrava em uma boate: procurei pela pessoa mais alta do lugar, que geralmente era David, caso ele estivesse presente, pois tinha 1,90 metro de altura e ficava sempre alguns centímetros acima da maioria das pessoas. Queria garantir que o veria primeiro, porque, para ser sincero, ainda pensava nele. Naquele dia, olhei em volta, e ele parecia não estar lá. *Ufa.* Em vez de David, vi um homem que estava mais de um palmo acima de todas as outras pessoas — devia ter mais de 2,10 metros de altura. Dançava de forma muito engraçada, praticamente batendo os braços. Fiquei alguns segundos olhando para ele de longe, depois atravessei a boate e me aproximei.

Mais de perto, vi que ele usava botas de plataforma enormes, mas mesmo sem elas talvez tivesse uns dois metros — ou seja, era gigante. O rapaz era lindo e um pouco destrambelhado, tinha sobrancelhas espessas e maçãs do rosto salientes e usava roupas que pareciam ter sido feitas em casa — uma túnica com um colete por cima e calça que não chegava aos tornozelos, da qual pendiam coisas parecidas com miçangas, formando uma franja. Ele dançava de um jeito meio maluco, quase descontrolado.

De repente, fizemos contato visual.

— Adorei o jeito que você dança — falei.

— Que jeito? — perguntou ele.

— O jeito mais esquisito que eu já vi — respondi.

Ele riu. Olhei para ele, erguendo o rosto.

— Posso colocar meus braços em volta de seu pescoço?

Ele me encarou, sem entender.

— Nunca consegui fazer isso com ninguém porque sou alto demais — expliquei. — Posso?

— Claro — respondeu ele, sorrindo.

Passei meus braços em torno do pescoço dele e, em uma fração de segundo, ele me levantou do chão. Então gritei e ele me soltou, e nós começamos a rir.

Quando deixamos a pista de dança, ficamos conversando. Ele estava lá com alguns colegas do Fashion Institute of Technology (FIT), onde estudava moda. Naquele dia, era seu aniversário de 21 anos.

— Sério? Parabéns! — exclamei quando ele disse isso.

Conversamos por mais um minuto antes de eu perguntar se ele queria ir comer alguma coisa.

Então caminhamos da Limelight até o restaurante Florent, entre a Washington e a Gansevoort. Uma neve fina caía lá fora, mas estava amena o suficiente para que a caminhada fosse agradável e até mesmo divertida. No restaurante, nos acomodamos a uma mesa e ele começou a me contar sobre sua vida.

O nome dele era Georges, com um "s" no fim. Ele crescera em Perth, no oeste da Austrália, a metrópole mais isolada do mundo. Quando completou 17 anos, fugiu de lá para ir estudar arte em Paris e depois foi para Nova York estudar no FIT. Seu pai era de Wyoming, nos Estados Unidos, e a família tinha uma pequena fazenda, a qual ele dizia que herdaria um dia. Estava na cara que Georges estava tentando me impressionar, mas não liguei. Depois que saímos do Florent, trocamos nossos números de telefone.

No dia seguinte, liguei para ele.

— Tenho que ir para Londres — falei.

Eu ia apresentar o evento BRIT Awards com Elton John na semana seguinte.

— Ah — disse Georges.

— Eu ia com meu namorado, mas nós terminamos e acabei ficando com um ingresso extra. Se quiser ir comigo, seria ótimo ter alguém que pudesse me ajudar a me arrumar.

Conseguia vê-lo sorrindo do outro lado da linha.

— Eu adoraria ir.

Ding! As portas do elevador se abriram, e Georges estava me esperando no saguão. Dessa vez, ele vestia uma jaquetinha de lã preta sem gola e de manga três-quartos, que não fazia sentido naquela estação do ano.

— Nunca viajei na classe executiva antes — disse ele quando entramos no avião.

Ri de suas palavras. Considerando a altura dele, a ideia de ele se enfiar em um assento minúsculo da classe econômica era até meio cruel. Eu me senti imediatamente à vontade com Georges, talvez por seu jeito de ser, tão doce e bobo. Era como se ele não tivesse nenhuma malícia. Senti que podia confiar nele logo de cara, e confiei mesmo, desde o momento em que ele me ergueu do chão naquela noite na boate.

Durante a viagem, percebi também que ele não seria de grande ajuda, fosse para me montar ou para fingir ser meu segurança. De olhos arregalados, ele admirava tudo, deslumbrado. Quando chegamos ao BRIT Awards, ele ficou impressionado com as celebridades: Kylie Minogue, Pet Shop Boys, Björk... A empolgação vibrava ao nosso redor, e senti que aquele era um mundo com o qual ele não estava acostumado. Se eu esperava que ele cuidasse de mim, ficou evidente que isso não iria acontecer.

Estávamos hospedados no Halcyon Hotel em Holland Park, uma casa georgiana com uma reputação de rock 'n' roll onde eu me hospedava desde que ficara famoso e começara a viajar para Londres com frequência. Tinha estado lá quatro semanas antes, exatamente no mesmo quarto de hotel, e escondido um baseado no teto do banheiro. A maconha era meu único vício remanescente depois de parar com a bebida e outras drogas.

Georges foi até meu quarto e mostrei o baseado para ele, orgulhoso.

— Veja o que eu tenho!

— Pode fumar — disse ele. — Eu não fumo.

Acendi o baseado e fui fumar na janela. Mas, ao olhar para Georges, de repente percebi que não gostaria de ficar chapado na presença dele. Era constrangedor. Ele era legal demais para ter alguém chapado por perto, então apaguei o baseado.

— Depois eu termino — falei.

Na noite seguinte, fui ao quarto dele e conversamos até de madrugada. Em determinado momento, eu estava contando a ele sobre meu término com Steven e comecei a chorar.

— Parece que estou preso em um círculo vicioso. Tudo sempre acaba da mesma forma.

Eu não era muito de chorar. Na verdade, não conseguia me lembrar da última vez que tinha chorado na frente de alguém, muito menos de alguém que eu mal conhecia. Era estranho que eu me sentisse confortável daquela forma com aquele homem para externalizar sentimentos tão íntimos.

De Londres, voamos com Elton para Düsseldorf, onde teríamos outra apresentação. Ele havia fretado um jato particular. Em dado momento durante o voo, Georges se levantou e foi até a cabine de comando para dar uma olhada e cumprimentar o piloto. Quando ele voltou, a expressão em seu rosto era de pura euforia. Ele tinha 21 anos e parecia um gigante naquele avião minúsculo.

Ao chegarmos à Alemanha, paramos em um hangar e um oficial entrou para verificar nossas passagens. Em seguida, fomos levados para um carro com motorista e partimos sem parar na alfândega. Sempre consegui vivenciar a emoção pelo prisma de outra pessoa, o que considero uma sorte, porque me acostumo muito rápido com as coisas e elas logo deixam de ser novidade. E foi só quando aquele momento se refletiu nos olhos de outra pessoa que consegui olhar para tudo de outra forma. Foi assim com Georges, que estava animado como um filhotinho de cachorro enquanto navegávamos em meu novo mundo. O brilho da fama já tinha começado a desaparecer para mim, mas não para ele.

Pouco tempo depois de retornarmos a Nova York, certa noite estávamos voltando para casa depois de termos saído para dançar quando ele disse:

— Gosto muito de você, Ru.

— Eu também gosto de você — falei.

— E se a gente tivesse um encontro de verdade? — Os olhos dele brilhavam.

Hesitei.

— Georges, gosto muito de você, mas acho que você é jovem demais para mim. Eu tenho 33 anos, você tem 21. Podemos continuar sendo amigos?

Por um instante ele pareceu surpreso, mas então assentiu.

— É claro.

Ding! As portas do elevador se abriram. Atravessei o saguão até a Morton Street, virei à esquerda e subi a Seventh Avenue até o novo apartamento de Georges na Jones Street. Era março, e, à medida que a primavera se aproximava, as flores começavam a desabrochar.

Quando entrei, ele estava esparramado no chão desempacotando caixas e guardando CDs em uma estante. O apartamento era um estúdio com um banheiro minúsculo.

— Oi, Ru! Olhe isso! — Ele me mostrou uma caixa de CD, que estampava uma foto minha na capa.

Nós nos sentamos no chão. Sentado ali, percebi que gostava dele *de verdade*. Eu me dava bem com ele. E Georges era lindo demais. Naquele momento, estávamos tão próximos. *Onde eu estava com a cabeça?* Então, quando ele se inclinou e me beijou pela primeira vez, eu retribuí. E me senti bem, embora tenha sido diferente dos outros homens. Apesar de ter 21 anos e ser um homem-feito, ele tinha um jeito de menino que me fez querer protegê-lo da crueldade do mundo.

Nas outras vezes que me apaixonei, isso fez com que eu me perdesse, com que fosse dominado por uma idealização que previsivelmente se desintegrava assim que a realidade batia à porta. Sempre pensei que o amor seria como em um filme de Nancy Meyers, uma euforia que faria com que eu me sentisse completo — em um instante, eu encontraria o amor que estivera procurando em meu pai e por fim me sentiria inteiro. No entanto, esses sentimentos eram sempre unilaterais e só funcionavam por pouco tempo, porque eu estava procurando alguém que me desse algo que nunca recebi de meu pai. Se eles tivessem me dado o que eu buscava sem que eu precisasse pedir, não saberia o que fazer. Todos aqueles homens haviam sido cruéis de uma forma que eu sabia que Georges jamais seria, afinal a coisa que mais o destacava era a bondade que ele emanava.

Pela primeira vez, fiquei me perguntando: como seria a sensação de ser cobiçado em vez de cobiçar? E, mais radical ainda, como seria dar a outra pessoa tudo que eu sempre quis receber? Sempre fui desconfiado. Desconfiar das intenções das pessoas era uma herança de minha mãe, algo que nunca consegui deixar para trás. Eu era intuitivo até demais: conseguia sentir os pontos fortes e fracos de alguém e transitar por eles como se estivesse em uma pista de obstáculos, a fim de conseguir exatamente o que precisava. E eu enxergava Georges muito bem, mas não havia nada disso naquele momento. Eu confiava nele e estava seguro a seu lado. Não fazia ideia de como eu sabia disso, mas sabia. Ele me adorava, me admirava e me respeitava, e acho que eu nunca tinha me sentido daquela forma com homem nenhum.

Então falei:

— Está bem, Georges, vamos ficar juntos. Vamos ver no que dá.

Depois daquele mês de março, Georges e eu passamos a sair todas as noites e fazer várias coisas juntos: íamos jantar frango marsala no Stingy Lulu's, no East Village; dançávamos na Limelight, que eu odiava, mas ia sempre; e fazíamos longas caminhadas até o cais. Nova York pode ser muito solitária, mas eu não me sentia mais sozinho. Estar com alguém me mostrou uma Nova York que eu não sabia que existia. Nas noites em que não ficávamos juntos, nos despedíamos com um beijo de boa-noite na esquina e seguíamos caminhos diferentes. Era divertido ter um namorado. Com os outros homens com quem eu havia estado, sempre me senti tenso. Nunca era realmente eu mesmo com eles, sempre senti que estava encenando alguma coisa. Com Georges, porém, conseguia ser eu mesmo.

Uma vez, ainda naqueles primeiros meses, houve um eclipse no meio do dia. Estávamos deitados em minha cama no apartamento da Morton Street e, quando aconteceu, vimos a luz mudar de forma psicodélica. Era como se tivéssemos atravessado juntos um portal para uma nova vida que alteraria para sempre a forma como enxergávamos Nova York e um ao outro.

Os momentos que definem uma vida nem sempre são os que se espera. Naqueles primeiros meses com Georges, houve muitos momentos bons. Eu ia me apresentar em várias cidades, e ele me acompanhava. Foi comigo para Los Angeles, onde jantamos no Chateau Marmont, e para Miami, onde comemos sanduíches cubanos e tomamos *café con leche* no David's. Depois de um show no Radio City Music Hall, eu o apresentei a Diana Ross, que o beijou na boca, deixando uma marca de batom roxo que o extasiou. E ele foi comigo para Detroit, onde me apresentei para Aretha Franklin e ela me deu um cheque endereçado a "Ruth Paul". Eu me sentia seguro com ele mais do que já tinha me sentido com qualquer pessoa. Mesmo em meus relacionamentos mais estáveis eu me revirava na cama à noite, inquieto. Era como se meu corpo soubesse que eu não estava totalmente em segurança ao lado daqueles caras. Mas com Georges eu dormia profundamente, e ele também, como se estivéssemos protegidos pelo santuário que criamos um para o outro.

Mas aquele sentimento incômodo ainda existia em mim: a desconfiança, a espera pelo pior. A certeza de que algo daria errado. Óbvio que daria. Isso sempre acontecia. E, assim como fiz com Mark e depois com David, criei pequenos testes para que ele confirmasse sua devoção a mim, umas armadilhas aqui e ali, convencido de que ele me decepcionaria e também me deixaria esperando na varanda. Certa noite, depois de irmos a uma boate, discutimos na volta para casa. Lá havíamos encontrado alguém que eu conhecia, um rapaz negro de pele clara e sardas, e fiquei sabendo que Georges tinha saído com ele algumas vezes. Então começamos a discutir quando estávamos no saguão do prédio.

— Não gostei de saber disso — falei, ríspido.

Por que Georges tinha me contado? Ele deveria saber que isso me deixaria inseguro. Esse era o problema, ele era só um garoto, sem maturidade para evitar esse tipo de gafe.

— Acho melhor você não subir — concluí.

Ding! As portas do elevador se abriram. Entrei e me virei para encará-lo, e ele olhou no fundo de meus olhos.

— Quer que eu vá embora? — perguntou ele.

Naquele momento, percebi o quanto ele estava triste. Enxerguei com nitidez o quanto o magoava ter me chateado. Senti tudo isso nele, e amei tudo que vi.

— Não — respondi. — Vamos subir.

Ding! Esses pequenos momentos de compreensão às vezes nos atravessam conforme vivemos. Se tivermos sorte, são tão perceptíveis quanto o toque de um sino, e assim foi naquela noite. Naquele instante, percebi que o menino dentro de mim queria entender se o rapaz da boate era mais importante do que eu. Mas eu pude ver nos olhos de Georges, parado de frente para a porta do elevador, que eu era o homem mais importante de sua vida. E, quando o deixei entrar no elevador, estava me despedindo de algo, da mesma forma que havia soltado a mão de minha mãe em uma manhã ensolarada muitos anos antes, deixando uma fase da vida e entrando em outra.

Nunca me senti verdadeiramente à vontade com meus pais porque as necessidades deles sempre eram mais importantes do que as minhas. Todos aqueles fins de semana esperando por meu pai, todas as vezes que minha mãe esteve ausente e indisponível, tudo isso me mostrava que eu não era tão importante assim. Então eu inventava testes para Georges se provar para mim, pedia que ele enfrentasse obstáculos, e naquele momento ele estava enfrentando o último. Não me culpo por ter agido dessa forma; era apenas minha criança interior traumatizada falando mais alto. Mas, a partir daquele momento, meu coração era de Georges.

Janeiro chegou novamente. Passamos o Natal em Miami, mas antes de viajar montamos uma árvore de Natal, um pinheiro de verdade, no apartamento em Nova York. Depois do Ano-Novo, fui da Flórida para algum outro lugar onde faria um show, e Georges voltou para casa antes de mim.

Quando retornei, estava entrando com minhas malas no momento em que vi uma de nossas vizinhas se aproximando. Segurei a porta para ela e entramos juntos. Ao chegarmos no saguão, vi uma trilha de agulhas de pinheiro pelo chão, como se fosse um rastro de migalhas de pão.

— Meu Deus! — exclamei. — Quem será que fez isso?

Ding! Entramos no elevador, que também estava cheio de agulhas de pinheiro. Apertei o botão para o terceiro andar e, quando as portas se abriram, vi que o rastro levava diretamente à porta de meu apartamento.

O culpado era Georges! *Óbvio que era ele*, pensei.

A vizinha olhou para mim e eu olhei de volta para ela, me sentindo um pouco culpado. Depois dei risada e deixei o elevador.

Fui até nosso apartamento e abri a porta. Estava de volta a nossa casa, onde eu sabia que ele estaria me esperando.

TREZE

Espelhos

"Eu tinha passado grande parte da vida me moldando para me encaixar em cada situação. Seria possível eu sentir minhas emoções como realmente eram, sendo o camaleão que havia me tornado?"

Miami sempre pareceu a próxima fronteira a ser conquistada. A primeira vez que Renetta viajou para lá, em 1972, tinha sido para acompanhar uma amiga à Convenção Nacional Republicana. Ela voltou com histórias sobre Miami Beach — sobre o Fontainebleu, o glamoroso hotel onde ela se hospedara, o Eden Roc e sua opulência, e sobre as praias da Flórida, tão diferentes das de San Diego. Isso fez com que eu a visse como uma pessoa muito aventureira — por cruzar as linhas partidárias, já que sempre fomos progressistas, e explorar uma parte do país que eu nunca tinha visto. No início dos anos 1980, Miami estava metida em problemas. Os *lobbies* bem-cuidados e os turistas abastados tinham desaparecido e sido substituídos pela alta criminalidade e pelo tráfico de drogas. Viajei para o sul da Flórida pela primeira vez em 1981 para pegar um carro em Stuart, um Mercedes 450SEL branco. Como eu queria conhecer Miami, dirigi para o sul antes de pegar dez horas de estrada de volta a Atlanta. Ao entrar em Miami Beach naquela época, havia favelas, homens à espreita e uma energia que parecia perigosa. Dirigi até o Bass Park, onde pretendia sair do carro e caminhar até a água, mas depois de dar uma olhada ao redor percebi que estava com muito medo até mesmo de andar na rua. Dirigi pela Collins Avenue olhando para todos os hotéis antigos cujo auge já havia passado, aqueles hotéis outrora majestosos, símbolos da grandeza estadunidense. Já conhecia o Fontainebleu e o Eden Roc por tê-los visto na TV, no *The Jackie Gleason Show*. O episódio começava com uma visão panorâmica da Baía de Biscayne: "Ao vivo de Miami Beach, *The Jackie Gleason Show*!" *Que triste*, pensei, *agora Miami Beach é uma pocilga.*

Mas em 1984 algo milagroso aconteceu. Um programa de televisão chamado *Miami Vice* virou uma febre internacional e, em um ano, a reputação de Miami deu a volta por cima. A cidade havia passado a ser um destino obrigatório, um lugar onde a elite da moda queria fotografar modelos, onde os europeus descolados queriam pegar sol e onde os nova-iorquinos mal-humorados trocavam as calças jeans pretas por roupas de verão. Quando voltei a Miami em 1986, estava indo para a festa de aniversário de Andy Gibb. Larry Tee, Lahoma e eu tínhamos sido contratados para nos apresentarmos em uma boate chamada OVO, na Warsaw Ballroom. Sempre fui fã dos Bee Gees, e foi surreal estar lá. Um ano depois, uma amiga de Nova York se mudou para Miami e foi morar em um prédio que viria a se tornar a mansão Versace. Nós cheirávamos cocaína juntos — porque era a época em que eu ainda fazia parte desse grupo — e depois íamos para a praia. Com o tempo, comecei a marcar mais shows lá, fosse com a La Palace de Beauté ou, mais tarde, por meio de Susanne Bartsch. Nesse caso, ficávamos em um condomínio de frente para a praia, o 100 Lincoln.

Havia algo de mágico em Miami para mim, porque a cidade inteira era água. Sempre tive uma sensibilidade em relação à água, adorava ir à praia, desde que era criancinha e morava em San Diego. A água representava o subconsciente, as infinitas ondulações da mente e os significados ocultos sob a superfície. Toda vez que eu voltava a Miami, parecia um sonho. A luz batia nos prédios de modo perfeito, pegávamos tempestades surpresa à tarde e depois, tão rápido quanto tinham começado, elas iam embora e nós nos víamos novamente em um oásis tropical. Era bonito e ao mesmo tempo perigoso.

Quando me tornei uma celebridade, Miami foi meu maior mercado, seguida por Chicago. Em Miami, eu conseguia me apresentar em duas boates em uma única noite. Eu me apresentava na Warsaw Ballroom à meia-noite, entrava em uma limusine e ia até Fort Lauderdale para me apresentar no Copacabana à uma e meia. Naquela época, essas apresentações me rendiam 10 mil dólares, talvez 12 mil. Era um dinheiro bom e fácil, e eles me tratavam como a estrela que eu havia me tornado — voávamos de primeira classe, ficávamos nos melhores hotéis e comíamos em restaurantes sofisticados.

Dinheiro nunca foi muito importante para mim; o que importava mesmo era a segurança que vinha com ele. Mesmo quando eu não tinha um centavo, sempre me senti rico, porque eu sabia que tinha imaginação. Para mim, ter dinheiro era como ter um tanque cheio de gasolina: não significava muito se você não tivesse ideia de para onde ir ou se não soubesse aproveitar a viagem. Dinheiro deixava tudo mais fácil. Por mais pobre que eu já tivesse sido, porém, nunca me senti tão pobre quanto as pessoas ricas que eu conhecia e que não sabiam se divertir nem tinham imaginação.

E não havia ninguém mais divertido do que Georges. Nós nadávamos no mar perto do Raleigh Hotel, alugávamos barcos e levávamos nossas famílias para a Baía de Biscayne, onde comíamos sanduíches de frango e tomávamos refrigerante de gengibre. Georges e eu colocávamos biquínis estampados combinando e pulávamos na água. Éramos tão altos que tocávamos o pé no fundo e nossas cabeças ainda ficavam acima da superfície. Íamos ao Bal Harbour ou procurávamos roupas da Gucci com desconto nas lojas de *outlet* em Sawgrass Mills. Alugávamos bicicletas e passeávamos pela orla o dia todo. Dançávamos em uma discoteca chamada — por incrível que pareça — Fire & Ice, onde "Be My Lover", de La Bouche, tocava sem parar na pista de dança. Uma vez por semana, eu encontrava Lea DeLaria ou Crystal Waters no aeroporto, chegando quando eu estava indo embora ou o contrário — devíamos estar no mesmo circuito.

Depois de alguns anos viajando para Miami, decidi que estava na hora de comprar uma casa lá. Assim, Georges e eu compramos um apartamento com vista para o mar no sétimo andar do 100 Lincoln, o mesmo lugar onde eu me hospedava com Susanne. Era o tipo de prédio enorme que podia ser visto do espaço e onde era necessário andar oitocentos metros para chegar ao elevador. Metade dos moradores eram pessoas que estavam lá desde os anos 1960 e deixavam os cachorros cagarem no corredor, e a outra metade era de pessoas como nós, jovens urbanos que queriam reformar apartamentos naquele paraíso tropical.

Pensei que isso também seria algo para ocupar Georges. Quando nos conhecemos, ele estava estudando moda, e, para seu último desfile no FIT, produzi um *mash-up* de "Disco Inferno", de Tina Turner, e "Baby I'm Burnin'", de Dolly Parton. Ele apresentou uma belíssima coleção de mais ou menos dez peças: cetim preto e marrom, cinturas afuniladas e tecidos de qualidade. Depois de se formar, arranjou um emprego como designer na J. Crew, mas a dinâmica logo ficou complicada. Era impossível para Georges ter um emprego corporativo enquanto eu viajava pelo mundo, e a verdade é que eu o queria sempre comigo, porque ele deixava tudo mais divertido, de Viena a Calgary, até a reunião de minha família, em que ele era literalmente a única pessoa branca. Assim, depois de um tempo, ele pediu demissão e passou a me acompanhar nas viagens. Mas eu sabia que isso afetava seu propósito pessoal; me fazer companhia não poderia ser o trabalho de Georges.

Pensei que a reforma do apartamento em Miami seria um projeto ideal para ele, que adorava a cidade e sempre teve sensibilidade artística e levava muito jeito para design. Assim, o projeto lhe daria algo para fazer e ele se sentiria útil, seria uma coisa para a qual poderia olhar e dizer: "Eu fiz isto". E a casa seria nossa. Então, começamos a testar amostras de azulejos e papéis de parede, empenhados em criar nosso refúgio dos sonhos.

No começo, ele viajava de Nova York para supervisionar o projeto, mas depois começou a passar tanto tempo em Miami que acabou alugando outro apartamento no mesmo prédio. Parecia que os problemas eram intermináveis, o que não é raro em uma reforma, mas fiquei sabendo, por meio de um amigo em comum, que algumas das pessoas com quem ele andava saindo em Miami não eram boa gente. E eu tinha a impressão de que, a cada vez que eu o via, ele estava um pouco mais magro.

Georges e eu nunca havíamos conversado sobre as regras de nosso relacionamento, mas estava subentendido que ele não deveria ferir meus sentimentos nem eu os dele. Nenhum de nós faria algo para que o outro se sentisse desconfortável quando estivéssemos juntos, tampouco tentaríamos policiar o comportamento um do outro quando estivéssemos separados. Afinal, nós éramos bem grandinhos. Mas comecei a ter um pressentimento, uma sensação, de que Georges estava fazendo coisas em Miami que não me agradariam, coisas ilícitas com pessoas de má índole. No entanto, não quis saber dos detalhes porque isso significaria que eu teria que lidar com o que estava acontecendo. Era mais fácil fazer vista grossa.

Não ajudava o fato de que nossas vidas estavam se distanciando cada vez mais. Eu havia alugado um espaço em Los Angeles, a casa de hóspedes do amigo de um amigo em Coldwater Canyon, onde ficava quando fazia audições ou tinha reuniões. Achava que estar em Los Angeles ajudaria a expandir minha marca e, além disso, eu gostava da cidade. Por ser a capital mundial do entretenimento, as pessoas costumam achar que Los Angeles é o coração da socialização, mas lá encontrei o refúgio solitário pelo qual eu estava procurando. Lá eu ficava sozinho em um carro durante boa parte do dia, algo que para mim era confortável e, é óbvio, familiar.

Comecei a fazer aulas com um professor de atuação, porque senti que não estava conseguindo entrar em contato com minhas emoções o bastante para me tornar um ator de verdade. Eu tinha passado grande parte da vida me moldando para me encaixar em cada situação. Seria possível eu sentir minhas emoções como realmente eram, sendo o camaleão que havia me tornado? Sentia um bloqueio emocional em certos aspectos e tinha medo de que isso ficasse evidente para as câmeras.

— Vou fazer o máximo que eu puder, mas talvez você deva pensar em começar uma terapia — disse o professor. — Posso indicar alguém.

O nome da terapeuta à qual fui era Donna. Assim que entrei no consultório dela, me senti muito à vontade. Percebi logo de cara que ela era muito inteligente e competente. Quando começamos a conversar, soube que ela se tornaria importante em minha vida.

Renetta ia se casar novamente, e a cerimônia seria em Las Vegas, então Georges e eu pensamos em alugar uma casa lá e ficar por uma semana. Contudo, quando ele chegou, vindo de Miami, estava magro e parecia fraco. Georges acabou dormindo o dia todo. Na verdade, dormiu a viagem inteira. Ao voltarmos para Los Angeles, ele ainda parecia cansado.

Quando fui levá-lo até o aeroporto para voar de volta à Miami, começamos a discutir. Ele estava muito irritado, e eu não entendia o motivo. Estávamos dirigindo por La Cienega, quase chegando ao aeroporto, e a discussão chegou a um ponto crítico.

— Quero descer — disse ele.

— O quê?

— Quero descer — repetiu ele. — Pare o carro aqui. Agora.

Eu o convenci a me deixar levá-lo, para que ele não ficasse plantado no meio-fio, mas Georges estava distante, agitado e meio estranho.

Eu planejava viajar algumas semanas depois para ver de perto o progresso do apartamento em Miami, mas não sabia quanto tempo mais aguentaria aquela tensão entre nós dois. No voo até Miami, senti vontade de vomitar durante todo o trajeto, enquanto pensava nas águas ondulantes daquelas praias, o oceano do subconsciente, cheio de segredos. Quando cheguei lá, Georges estava ainda mais magro. Não magro como o garoto que ele fora aos 21 anos, mas doente. Mal tinha colocado minhas malas no chão quando ele me olhou nos olhos e disse:

— Tenho que contar uma coisa. Estou viciado em metanfetamina.

Naquele momento, foi como se tudo desmoronasse e ao mesmo tempo se encaixasse. Eu sabia o que isso significava: metanfetamina significava sexo com desconhecidos, comportamento de alto risco e sequelas cerebrais. Um grau de perigo extraordinariamente alto.

Liguei para minha terapeuta.

— O que eu faço?

— Coloque-o numa clínica de reabilitação — orientou ela. — Agora mesmo.

Então levei Georges para o Jefferson Memorial Hospital. Lá, estacionamos do lado de fora e caminhamos até um gramado. Peguei um baseado e disse:

— Vai ser nosso último.

Nós o acendemos e fumamos juntos.

Quando Georges estava fazendo o check-in, percebi que ele nem sequer estava lúcido.

— Quero um quarto só para mim — disse ele para a mulher que cuidava da papelada. — Preciso ficar em um quarto sozinho.

— Certo, mas se você tiver tendências suicidas isso não será possível. Então, vou perguntar sem rodeios: você tem tendências suicidas?

— Sim!

Olhei para ele, espantado. *Ela acabou de dizer que não poderia dar o que você quer se você dissesse isso!* O problema era muito mais sério do que eu imaginava.

Depois que o deixei lá, fui visitar um amigo em Miami que estava sóbrio.

— Você fez a coisa certa — disse ele. — Não havia alternativa para Georges. Você fez o que tinha que ser feito.

No dia seguinte, voltei ao hospital para visitar Georges. Um médico me recebeu no saguão.

— Posso autorizar Georges a sair para ir a uma reunião dos Narcóticos Anônimos, se você puder levá-lo.

Então, procuramos o local da reunião mais próxima, que ficava no centro comunitário de South Beach. Quando entramos, me lembrei de todos os filmes ruins sobre alcoolismo aos quais eu já assistira. Hollywood reproduz de forma muito autêntica a atmosfera de uma reunião de doze passos como aquela desde os porões das igrejas e salas de lazer de centros comunitários até a tinta bege das paredes e as cadeiras dobráveis de metal. O lugar estava tão cheio, que algumas pessoas tiveram que ficar em pé. Fiquei perto o suficiente da porta para poder sair a qualquer momento se sentisse vontade; estava lá apenas para apoiar Georges.

Então uma mulher começou a falar. Ela tinha 71 anos e contou sobre como usava cocaína e as boates que frequentava, sobre como se sentia invisível no ambiente familiar e como sempre se sentiu deslocada no mundo. A bebida, disse ela, era uma maneira de manter a sanidade em uma vida que por vezes era insuportável. Ela era a filha do meio e a relação de seus pais tinha sido turbulenta. Meu Deus, tudo que ela disse parecia ser sobre minha própria história. *Isso é uma pegadinha? Ela está falando de mim.*

A senhora está contando sobre a própria vida, mas era como se ela estivesse falando de minha jornada. Havia algo em suas palavras, na verdade que ela estava compartilhando, que me tocava de forma que eu não conseguia descrever. Ela me conhecia. Ela era eu, e eu era ela. Ela deu voz a coisas que sempre senti, mas as quais nunca tinha verbalizado. Não demorou para que a ficha caísse. Eu também deveria estar ali. Quando você ouve sua história contada pela boca de outra pessoa, sabe que está no lugar certo.

Eu precisava estar ali.

Parecia que alguém tinha me pregado uma peça. Era Georges quem estava na reabilitação, mas eu também havia chegado ao fundo do poço.

Tinha entrado direto na casa dos significados ocultos.

Então puxei uma cadeira e me sentei.

_____

Os sinais sempre estiveram lá. Eu estava chapado sempre que podia desde os 10 anos. Depois de entrar na linha no ano em que fui coroado Rainha de Manhattan, as drogas voltaram aos poucos. Comecei a usar esporadicamente. Quando fiquei famoso, sempre havia uma garrafa de champanhe nos bastidores e, à medida que minha carga de trabalho aumentava, eu fumava cada vez mais maconha, até que comecei a fumar assim que acordava.

Certa vez, estava em Monte Carlo e iria me encontrar com Elton John; ao checar minhas malas, encontrei um pouco de maconha guardada. Estava em um voo comercial e, se a alfândega houvesse encontrado aquilo, eu teria sido preso. Teve também uma vez que eu estava indo para Vancouver gravar um filme e, na fronteira canadense, revistaram minha mala e encontraram uma garrafinha com pontas de baseado que eu nem lembrava que estava lá e uma bolsa com restos de cocaína. Então o policial me levou para um canto e disse:

— Olhe só, nós sabemos quem você é e vamos deixar você ir embora, mas é melhor tomar cuidado.

Naquele ano, o mesmo em que Georges estava chegando ao fundo do poço em Miami, eu comprava cocaína do traficante mais asqueroso de Nova York — um cara que vendia para os tabloides fotos de celebridades usando heroína — e cheirava tudo sozinho.

Eu estava me apresentando em boates, promovendo meus produtos e gravando filmes. Vivia exausto, e a única maneira que conhecia de me sentir conectado com a pequena parte remanescente de mim era me drogando. Será que, no fundo, eu não sabia que esse dia chegaria e que teria que admitir para mim mesmo meu vício? Até mesmo minha terapeuta, em nossa terceira sessão, me dissera:

— Quando você vem aqui chapado, só consigo acessar 60% de você.

Ou talvez eu não conseguisse enxergar isso porque não tinha consciência da profundidade do vício de Georges. Assim que ele me contou a verdade, percebi que eu havia estado em profunda negação. Fizera vista grossa para todas as pistas. Isso me forçou a me perguntar: *Por quê?* Provavelmente porque eu tinha muito medo de encarar o fato de que também não estava conectado comigo mesmo, de que nunca estava totalmente presente em minha vida. Usara Georges como meu canal para a vida, para o sucesso, para a alegria. Eu o usara desde que nos conhecemos, desde que ele me carregou na pista de dança na Limelight, desde o momento em que vi seu sorriso enorme e bobalhão quando ele voltou da cabine de comando do jato particular em que estávamos. Ele era minha lente para o mundo, os olhos que me faziam ver como minha vida tinha se tornado maravilhosa.

Se ele estava metido em uma situação tão séria, o que isso dizia sobre mim?

Georges e eu continuamos indo juntos às reuniões enquanto ele estava em tratamento, mas permanecíamos distantes um do outro. Ele estava com raiva de mim e eu não entendia o porquê. Hoje vejo que ele se sentia assim por ter sido obrigado a ficar atrás de mim, sempre à minha sombra.

A metanfetamina leva você às nuvens quando está fazendo efeito, mas, depois que você desce e o efeito da dopamina acaba, tudo que resta é uma enorme sensação de fracasso. Ele era tão jovem quando nos conhecemos, tinha uma vida tão promissora como designer e artista e renunciou a tudo aquilo para carregar minha bolsa. Como ele poderia me perdoar? Como poderíamos perdoar um ao outro?

Voltei para Los Angeles antes de Georges sair da reabilitação. Quando telefonei, ele me pediu que procurasse por metanfetamina em todos os lugares da casa, pois tinha escondido drogas em todos os cantos. A pedido dele, joguei tudo fora.

Quando Georges concluiu o tratamento, pedi que fosse para Los Angeles, mas ele não quis.

— Acho que preciso ficar aqui e continuar trabalhando em minha sobriedade.

— Não sei se é uma boa ideia, Georges — falei. — Por que continuar no olho do furacão? Precisamos cuidar da gente, do que ainda temos.

Ele ficou em silêncio do outro lado da linha por um tempo, depois disse:

— Só acho que preciso ficar aqui.

— Então vamos ter que nos separar — repliquei. — E vamos ter que abrir mão de tudo que construímos.

Por um tempo, ele ficou em silêncio novamente.

— Está bem.

Voltei a Miami depois de nossa separação para ver o que ainda precisava ser concluído no apartamento e percebi que tudo estava malfeito. Eu ligava um interruptor e as lâmpadas se acendiam em outro cômodo; as torneiras de água quente e fria estavam invertidas; os espelhos que cobriam uma das paredes na intenção de refletir a água do oceano estavam quebrados, provavelmente devido à tentativa de instalação de uma tomada que foi encaixada com força demais. Tive um vislumbre de meu reflexo no espelho estilhaçado. Não dava mais para desviar o olhar.

Dei um suspiro. Parecia que todo mundo que trabalhara no apartamento tinha usado metanfetamina, não apenas Georges.

O empreiteiro nunca mais voltaria. Minha antiga vida também não.

Eu estava completamente submerso.

CATORZE

Lar

"Eu tinha que ser motivado pela alegria. Pelas cores, pela música, pelo riso, pela dança e pela criatividade — todas as coisas que faziam a vida valer a pena."

O som da via expressa sempre me acalmou. Era possível ouvir o trânsito da casa em que cresci, na Hal Street, e eu achava reconfortante quando era criança: a ideia de que as pessoas estavam sempre em movimento, sempre indo até o próximo destino. Para mim, aquele som era suave como uma canção de ninar. Então, quando vi a casa em Lake Hollywood, em Los Angeles, tão perto da rodovia 101 que era possível ouvir o tráfego como um ruído de fundo, soube que aquele era o lugar certo para mim.

Na verdade, foi Georges quem encontrou a casa durante a primavera, antes de tudo desmoronar. Mas, no fim das contas, ele não estaria comigo em minha nova vida, que era diferente da antiga em muitos aspectos. Não só pelo fato de eu estar sóbrio pela primeira vez desde muito novo. Tudo estava diferente.

Minha ambição, a coisa que me motivara desde sempre, agora ficaria em segundo plano. Meu foco passaria a ser minha cura. Comecei a me empenhar na terapia de forma que nunca tinha feito antes. Ia a reuniões dos Narcóticos Anônimos todos os dias, ocasionalmente duas vezes ao dia. Naquelas salas, ouvi minha história ser contada várias vezes, exatamente como acontecera na primeira reunião em Miami. Ficava um pouco diferente a cada vez que era contada, preenchida com detalhes de outras vidas, mas o cerne continuava o mesmo. As pessoas diziam que sempre se sentiram alheias e sozinhas, que sentiam a necessidade de anestesiar o desconforto de ser elas mesmas e que, por fim, tiveram que lidar consigo mesmas sob a luz cruel da sobriedade. Eu não me cansava de ouvir aquelas histórias. Era extraordinário que tantas pessoas estivessem falando a mesma verdade, que era tão parecida com a minha.

Eu vivia sem desfazer as malas havia muito tempo, sempre em movimento para lá e para cá. Mas sabia que era hora de sossegar. Como seria ter uma vida tranquila? Conhecer a fundo meus sobrinhos? Revisitar o lugar de onde eu tinha vindo? Foi interessante estar no sul da Califórnia novamente, respirar o ar de lá e observar a forma como a luz incidia sobre as árvores e os prédios. Tudo isso me levou de volta a minha infância e me fez revisitar aqueles anos. Então retornei à cena do crime, revivi todas as coisas que tinha guardado no fundo da memória e voltei à casa dos significados ocultos novamente. Enquanto estivesse lá, limparia as teias de aranha e traria à luz do dia o que precisava ser revelado.

Na terapia, entendi com Donna que a casa onde cresci era um lugar assustador. Eu nunca convidava ninguém para ir até lá porque não conseguia submeter uma pessoa de fora ao mundo sombrio criado por minha mãe; tínhamos muita vergonha disso. Quando fiquei sóbrio, pude criar meu próprio lar pela primeira vez na vida. E o que eu queria fazer agora era abrir minhas portas.

Em minha casa, eu pedia porções generosas de frango frito no Roscoe's e oferecia um verdadeiro bufê, com um palco e uma barra de pole dance montados ao lado da piscina e com uma caixa de sapatos de salto altos e perucas velhas. Então convidava meus amigos e ficávamos fazendo *lip-sync* ao som de músicas da Britney Spears no quintal. Eu organizava noites de jogos, churrascos e festas temáticas, como a festa de Nova Jersey, em que todos tinham que ficar o tempo todo falando com o sotaque carregado de lá. Certa vez, fizemos a Noite das Mil Chers, na qual todos estavam a caráter; para onde quer que se olhasse, havia uma Cher diferente: Cher na chuva! Cher cowboy! Qualquer Cher que se podia imaginar estava lá. E, por incrível que pareça, fizemos tudo isso sóbrios. A casa se encheu com as risadas de novos amigos que conheci nas reuniões do NA e de minhas irmãs com as respectivas famílias. Eu me lembro de ficar muito feliz ao ver Renetta chegando à festa de hip-hop em um domingo à tarde vestida de Lil' Kim com um *collant* verde-neon. Minhas irmãs se tornaram parte fundamental de meu processo para recuperar um senso de lar tantos anos depois de sair de casa. Eu sabia que também era catártico para elas o fato de estarmos juntos outra vez, celebrando a vida de uma forma que nunca foi possível na casa de nossa mãe.

Entendi que meu eu dissociativo surgiu no dia em que minha mãe ameaçou colocar fogo no carro de meu pai e que, desde o momento em que comecei a usar drogas, estive buscando por esse estado outra vez, tentando não estar totalmente presente em meu corpo, tentando fugir da dor e do trauma sempre à espreita. Tinha me mantido anestesiado por quase trinta anos, mas, quando sóbrio, pareceu seguro estar de volta a meu corpo pela primeira vez. A partir de então me vi pronto para mudar a forma como eu via o que deveria ser um lar. Precisei conhecer a sensação de não ter vergonha do que acontecia em minha casa — a cena do crime, a porta da garagem escancarada enquanto os vizinhos viam tudo.

Deixar minha casa de portas abertas era o oposto de como sempre me senti por dentro, o oposto de não querer ser visto. E isso me ajudou a construir um relacionamento melhor com a criança dentro de mim, que eu tinha abandonado por achar suas dores tão intoleráveis e constrangedoras. A melhor terapia possível era dar uma festa para ela toda noite: tirá-la de casa e levá-la para passear, jogar boliche, dançar, comer costelinhas de porco ou ver um número de *striptease* em uma boate mequetrefe em Reseda chamada Bananas on Wednesdays. Isso, ou simplesmente reunir meus amigos no quintal para conversar até de madrugada ouvindo os carros passando na via expressa. Minha casa precisava ser um ambiente divertido, leve e cheio de liberdade, algo de que eu pudesse me orgulhar. Não era nada parecido com o que se via na TV. Também não era como estar na TV. Era algo só para mim.

―――――――

Minha separação acabou comigo da mesma forma que eu sabia que a separação de minha mãe tinha acabado com ela. Quando eu era criança, ela acertara na mosca ao dizer: "Ru, você é sensível demais e rumina muito as coisas".

Esse aviso ganhara um significado mais profundo porque ela estava certa. Quando se é tão sensível, um término como aquele é devastador. Ter me aberto tanto para alguém foi como uma fusão: ele se tornou eu, e eu me tornei ele. Quando fui assistir a Bea Arthur em São Francisco, estava sozinho, apesar de ter ganhado dois ingressos. Durante todo o espetáculo, eu olhava para a poltrona vazia a meu lado e pensava: *Este é o lugar de Georges.* Sentia saudade dele o tempo todo.

Embora não estivéssemos mais juntos, Georges e eu ainda conversávamos todos os dias. Eu sabia que ele também estava passando por um processo. Por minha causa, ele tinha sido mantido em uma espécie de adolescência perpétua. Quando nos separamos, no entanto, ele ficou livre para ter a própria vida em Miami, para viver o próprio processo de recuperação, para pintar e ganhar o próprio dinheiro trabalhando como barman, para sair com outras pessoas — o que nós dois estávamos fazendo — e para descobrir quem queria ser. Ele vinha me visitar e nós andávamos de patins no Moonlight Rollerway ou íamos até São Francisco para andar de bicicleta na Golden Gate. Às vezes, conversávamos sobre voltar a ficar juntos, mas pela primeira vez senti que eu não tinha mais certeza do que queria. E tudo bem. Por muito tempo, fui movido pela motivação de meu destino: a fama. Mas, agora que já tinha alcançado isso, o que mais eu poderia fazer?

Sempre fui especial. Nas reuniões do NA, isso era chamado de singularidade terminal, essa sensação de ser tão diferente de todos que beirava uma sentença de morte. No entanto, eu não queria mais ser diferente — único, a pessoa que sempre se destacava, o mais alto, o que tinha um nome que nenhum outro filho da puta no mundo jamais teria.

Quanto mais tempo eu passava com meus amigos, em reuniões ou explorando o mundo, mais percebia que não era tão diferente, afinal. Sempre estive ciente disso em certo nível, de que fazia parte de um todo e que tudo estava conectado. O ego, esse senso de separação, importância e seriedade, serve apenas para nos alienar e afastar de tudo. E eu também tinha caído nessa armadilha. Naquele momento, eu só precisava aprender a fazer parte do todo.

— Talvez seja hora de cair fora do *show business* — disse a Georges certa vez.

— Até parece — debochou ele.

— Estou falando sério. Já experimentei tudo que queria. Não tenho mais nada a fazer nesse meio.

Eu sabia que a coisa a impulsionar minha carreira por tanto tempo tinha sido a necessidade de aprovação de meu pai.

Mas isso era passado, eu não podia mais me permitir ser motivado por aquele desejo. Se eu retornasse ao *show business*, teria que ser por um motivo diferente. O que aprendi em meu período de afastamento foi que eu não poderia ser motivado pelo medo de não ser suficiente.

Eu tinha que ser motivado pela alegria. Pelas cores, pela música, pelo riso, pela dança e pela criatividade — todas as coisas que faziam a vida valer a pena.

E pela capacidade de criar minha própria magia, que aprendi quando era criança.

Eu estava observando a via expressa, repleta de motoristas acelerando para chegar logo ao próximo destino.

Era extraordinário ver tudo isso ali de cima, ver que o caminho estava livre.

Eu amava aquela casa. Amava estar presente em meu próprio corpo.

Estava onde deveria estar.

Epílogo

O sol já está se pondo quando retorno ao hotel em que estou hospedado em Atlanta, trazendo as caixas empilhadas no porta-malas de meu carro alugado. Eu as levo para o saguão e as embalo com cuidado, lendo as etiquetas desbotadas que informam a data de exibição do programa e os nomes dos artistas participantes. Meu nome aparece toda hora. Eu o vejo centenas de vezes enquanto organizo as fitas, e então fecho as caixas com fita adesiva.

Há mais de uma década de filmagens nessas fitas, todas as coisas bobas e brilhantes que fiz quando era jovem: os figurinos que usei, as coreografias que criei no improviso, as entrevistas que dei como a estrela que estava convencido de que seria. Escrevo meu endereço de Los Angeles nas caixas e as deixo com o funcionário do hotel, confiando que encontrarão seu caminho de volta para mim.

Já no quarto, arrumo minha mala. À medida que o sol mergulha no horizonte, olho pela janela para o prédio do outro lado da rua, aquele que vi ser construído anos antes, quando eu era jovem e incansável e tudo era novidade. Agora há apenas escombros, blocos de concreto e terra. Penso em todas as pessoas que estiveram dentro daquelas paredes, nas lembranças que criaram e em como vai ser estranho para elas passar por ali um dia e perceber que tudo aquilo foi substituído por outra coisa. Penso no choque de olhar para cima e perceber que o mundo que se conhecia não existe mais. Será que perceberiam? As ruas de Atlanta sempre estiveram repletas de pessoas que enxergavam umas às outras. Eu me lembro dos dias em que Bunny e eu flanávamos por essas mesmas ruas sem rumo, passando por cafetões, prostitutas e pelo pessoal da boate cujos nomes sabíamos de cor, ao som de uma sinfonia de cantadas e vaias e da música disco tocando ao longe. A cidade inteira fluía em uma espécie de coreografia descomplicada. Agora as pessoas vão de um lugar ao outro encarando os próprios telefones, como sonâmbulos em um sonho consciente.

Olho para o prédio, para a rua, e sinto medo. Sei que a mudança é uma constante necessária. Sim, sei disso. Mas e se o mundo continuar piorando? E se me derrubarem como derrubaram aquele prédio, depois de tudo que construí, para colocar algo novo em meu lugar? Não quero ser desmontado, esquecido, não quero me tornar uma relíquia, um monumento do passado. Ao pensar nisso, a tristeza em mim cresce até se tornar insuportável. A passagem do tempo é inevitável, não há nada que se possa fazer quanto a isso. Mas sinto falta de uma época que se foi, de um passado que não volta mais. O mundo está diferente; não sei mais qual é meu lugar nele e me sinto velho, cansado e com medo.

Já não conheço mais ninguém neste lugar. E se ninguém lembrar meu nome?

EPÍLOGO

Mas então, de pé no meio do quarto de hotel, eu me viro. Volto à casa dos significados ocultos mais uma vez. E procuro por algo diferente.

Porque sei que, por trás desse medo, há amor.

Amor por todas as pessoas que conheci, por todos os que sobreviveram à cena alternativa comigo. Amor por minha mãe, cuja voz ouço em minha própria voz toda vez que uso uma de suas frases. Amor pelos homens que partiram meu coração, todos aqueles fantasmas de meu pai. E amor por Georges, o homem que restaurou minha fé no amor.

Amor por este corpo que dormiu em bancos de praça e no chão de tantos apartamentos ao longo dos anos. Este corpo que dançou em boates questionáveis ao redor do mundo; este corpo que eu levei ao inferno, e que então, de alguma forma, encontrou a graça para manter-se sóbrio por quase 25 anos; este corpo que me carrega até hoje.

Amor pelo menino que eu fui, esperando naquela varanda.

Amor por seja lá qual for o Deus que me deu uma vida tão abençoada.

Pela janela, olho outra vez para o prédio que está sendo demolido e isso já não me parece tão terrível. Afinal de contas, aprendi há muito tempo que nada na vida deve ser levado tão a sério assim.

Dou uma risada. *É só a sala da mamãe. Todo mundo vai amar você.*

Fecho o zíper de minha mala.

Já estou em casa.

Agradecimentos

Este livro não seria possível sem as seguintes pessoas: Sam Lansky, Carrie Thornton, Cait Hoyt, Ben Dey, Jonathan Swaden, Robert Minzner, Jessica Boardman, Randy Barbato, Fenton Bailey, Tom Campbell, Thairin Smothers, Alicia Gargaro-Magaña, Rafael Bruno, Jay Marcus e David Petruschin.

- intrinseca.com.br
- @intrinseca
- editoraintrinseca
- @intrinseca
- @editoraintrinseca
- editoraintrinseca

1ª edição	MARÇO DE 2024
impressão	IMPRENSA DA FÉ
papel de miolo	LUX CREAM 70G/M²
papel de capa	CARTÃO SUPREMO ALTA ALVURA 250G/M²
tipografia	KEPLER STD